AF401819

LE
SYSTÈME DES PEINES

ET LE

RÉGIME DE LEUR EXÉCUTION

DANS LA LÉGISLATION ROUMAINE

Comparés avec la législation française

et des législations étrangères

THÈSE POUR LE DOCTORAT

Présentée et soutenue le 31 mai 1900, à 10 heures

PAR

Ovide GHERGHEL

Président : M. GARÇON, *professeur.*

Suffragants { MM. LE POITTEVIN, *professeur.*
SALEILLES, *professeur.*

PARIS

JOUVE ET BOYER

IMPRIMEURS

15, Rue Racine, 15

—

1900

THÈSE

POUR

LE DOCTORAT

LE
SYSTÈME DES PEINES

ET LE

RÉGIME DE LEUR EXÉCUTION

DANS LA LÉGISLATION ROUMAINE

Comparés avec la législation française
et des législations étrangères

THÈSE POUR LE DOCTORAT

Présentée et soutenue le 31 mai 1900, à 10 heures

PAR

Ovide GHERGHEL

Président : M. GARÇON, *professeur.*

Suffragants { MM. LE POITTEVIN, *professeur.*
SALEILLES, *professeur.*

PARIS

JOUVE ET BOYER

IMPRIMEURS

15, Rue Racine, 15

1900

A MA FEMME

BIBLIOGRAPHIE

Revues et autres ouvrages cités.

Cours de M. le professeur **Garçon** à la Faculté du droit
de Paris, 1898.
« Description de la Moldavie » par le chroniqueur **Cantemir.**
Livre de lois « Pravila » du prince **Basile Loupou** Voïe-
vod de Moldavie.
Livre de lois « Pravila » du prince **Mathei Bassarab**
Voïevod de Valachie.
Code **Caradgea** de 1817.
Code **Calimach** de 1826.
Code pénal Demetre **Stirbey** (1849-1856).
Rossi. — T. III, p. 127.
Chauveau. — Code pénal progressiste, p. 92.
Molinier. — Rec. de l'acad. de législ. T. X, p. 492.
Beccaria. — Traité des délits et peines.
Lucas (Charles). — Rec. des délib. des assemb. législ.
de la France sur la question de la peine de mort.
Moniteur universel, n. 152, page 630, 1791.
Urechié (V. A.). — Histoire roumaine.
Humbert. — Des conséquences des condamnations péna-
les relativement à la capacité des personnes
(1885).
Blanche. — T. Ier, n. 300.
Chauveau et **Hélie.** — T. Ier, p. 213.

Haus. — T. II, n. 771.

Carnot. — T. 1er, p. 60.

Garraud. — Précis de droit criminel, 1898, p. 282.

Journal officiel du 3 avril 1879.

Berenger (De la Drôme). — Des moyens propres à généraliser en France le système pénitentiaire, 1837.

Rochefoucauld-Liancourt. — Des prisons de Philadelphie, 1796.

Lucas (Ch.). — De la réforme des prisons ou de la théorie de l'emprisonnement 1836-1838, 3 vol. Du système pénal et du système répressif en général et de la peine de mort en particulier 1827.

De Beaumont et (A.) de Tocqueville. — Du système pénitentiaire aux Etats-Unis et en France, 1883.

Demetz et Blouet. — Rapport sur les pénitenciers des Etats-Unis, 1839.

D'Haussonville. — Les établissements pénitentiaires en France et aux colonies (Paris 1875).

Grégoire Dianou. — Histoire des prisons en Roumanie, Bucarest 1900.

Manuel administratif de la principauté de Moldavie n. 144, n. 418.

Mettetal (A). — Rev. pénit. 1896, page 456.

INTRODUCTION

C'est une vérité axiomatique, admise comme telle par tout le monde et à toute époque, que la société a *le droit de punir* l'individu reconnu coupable d'un fait qualifié de délit par la loi positive : le maintien de l'ordre dans la société, condition *sine qua non* de son existence, lui donne non seulement ce droit, mais l'oblige même à employer cette mesure comme moyen propre d'assurer la conservation sociale. Aussi me paraît-il superflu d'insister davantage sur cette question et vais-je passer à une autre plus importante, celle du *fondement de droit de punir*, qui a fait l'objet d'interminables discussions et d'une foule de théories, que le cadre restreint de cette thèse ne me permettra pas d'approfondir toutes. Je ne ferai donc qu'un exposé sommaire de ce problème et je présenterai ensuite mon sentiment personnel sur les diverses solutions qu'on lui a données.

Le nombre de doctrines, sur le fondement du droit de punir, est immense ; cependant on peut les ramener à trois systèmes dont les deux premiers, simplistes, présentent un caractère exclusif, le troisième un caractère mixte ou éclectique :

En examinant à un point de vue purement ou strictement social, les principes que chacun de ses partisans invoque à l'appui de son système, je suis arrivé à cette conclusion, que je crois être juste : qu'aucun de ces systèmes ne me semble avoir résolu la question comme l'exigent les vraies nécessités de l'intérêt social. Pour justifier ma façon de voir, il me paraît suffisant de dire : qu'il faut toujours juger humainement les choses humaines ; cherchons donc la solution des problèmes sociaux dans la société elle-même, au lieu de laisser errer la fantaisie dans les domaines de l'idéalisme et du mysticisme, et de vouloir ensuite, en raisonnant sous l'impression reçue de ces sphères, formuler et préconiser des doctrines pour les appliquer dans la vie réelle ; et ne nous laissons pas dominer par des idées d'un ordre exclusif. Car la conséquence en sera fatalement et également dangereuse : exagération tout à fait inutile, voire même contraire à l'intérêt social.

Les vices signalés se rencontrent dans les trois systèmes, que je veux examiner maintenant, puisqu'ils se caractérisent soit par un exclusivisme trop absolu, soit par une conception qui sort du réalisme.

Envisageons le premier de ces systèmes dit « *de justice absolue* » ; il est basé sur le principe de l'expiation (*malum actionis propter malum passionis*).

Kant, l'un de ses plus marquables adeptes, dit que le droit social de punir repose sur « une délégation divine de punir tout ce qui est mal ». Nous voyons donc, érigés en délit, tous les vices et péchés, et l'homme investi de la mission de dispensateur de la justice de Dieu. Est-il nécessaire d'ajouter quelque chose pour démontrer la fausseté de cette doctrine? Non, et je serai conséquent avec moi-même, en terminant par cette réflexion si judicieuse de mon érudit et éminent professeur M. Garçon : « Laissons cette sorte de justice à Dieu et n'en faisons pas une caricature en voulant l'imiter. »

Je passe maintenant à l'autre système dit *utilitaire*, basé sur le principe exclusif de l'utilité sociale. C'est Bentham que nous pouvons regarder comme le principal disciple de cette doctrine simpliste, dont se sont inspirés les rédacteurs du code pénal français. Elle peut se résumer dans la formule suivante : *punitur ne peccetur*; elle explique bien, il est vrai, pourquoi le fait brutal du châtiment est nécessaire au point de vue matériel, objectif, mais elle n'explique pas pourquoi il est juste au point de vue subjectif, c'est-à-dire par rapport à l'individu auquel on l'inflige. Mais alors, où est la réponse à l'autre question? Comment savoir, non seulement si l'agent est coupable à l'égard de la société, mais encore pourquoi il est responsable? Il est indéniable que les peines sont nécessaires ; est-ce assez pour les justifier? Non, car si nous nous contentions d'un pareil raisonnement, nous tomberions dans le machiavélisme le plus flagrant, et notre système serait dépourvu de base morale, puisque le but n'est pas une justification du moyen. Il n'envisage que l'intérêt exclusif de la société, en sacrifiant celui de l'individu, ce qui l'amène forcément à introduire des peines d'une sévérité excessive, note discordante dans l'harmonie qui doit régner dans l'ensemble des rapports sociaux. Voilà le résultat que produira l'application de ce système. Il est contraire à l'intérêt social et par conséquent inacceptable.

Examinons enfin quels sont les principes que les partisans du système mixte ou éclectique invoquent à l'appui de leur doctrine. Ils disent qu'il repose sur une double idée, celle de l'utilité sociale et celle de l'expiation. Son caractère dominant est de concilier les autres systèmes en limitant la responsabilité morale par la responsabilité sociale. Disons-le, avant d'aborder la critique, cette doctrine dont Rossi est le plus fervent apôtre, a puissamment contribué à la réalisation des réformes introduites, depuis 1830, dans la législation pénale de la France et dans celle de la Belgique ; elle est présentement la doctrine généralement admise et ce privilège semble la rendre inattaquable. Cherchons cependant si elle ne présente pas de côtés vulnérables. Je l'examinerai en me plaçant toujours au point de vue social et réel, débarrassé de toute influence qui lui soit étrangère. Tel sera mon raisonnement : j'ai dit que,

si le législateur se laissait guider uniquement par le
principe de l'utilité sociale, fatalement il arrivera à
édicter des peines excessives. Ce résultat a bien pour
effet le repos de l'Etat, mais il sacrifie l'intérêt de l'individu. Or il a le devoir de le respecter ; et l'accusé,
quoique coupable, le sera seulement dans une certaine
mesure que le pouvoir ne doit pas dépasser sans tomber
dans l'injustice, ce qu'il ne pourra que faire en prenant
pour terme de cette mesure uniquement l'utilité sociale.
Pour parer à ce dangereux résultat, la théorie éclectique applique ici son second principe, celui de la Justice, pour atténuer l'exagération que l'application exclusive du premier principe amène. Ses partisans disent :
le fondement du droit de punir est bien l'utilité sociale,
mais la mesure de la peine doit être en proportion de
la *responsabilité morale* de l'agent. Au premier abord,
il semble que la solution en soit heureuse, mais au fond
il n'en est pas ainsi, car, en voulant proportionner la
peine à cette responsabilité morale, il faut encore et
nécessairement, établir aussi le degré de cette immoralité, et alors se pose cette question : qui remplira la
mission de l'établir, et surtout d'après quelle inspiration ? On a répondu, sans hésitation, que c'est le juge
qui se rendra compte de la responsabilité morale, et
que, pour la déterminer, il fera le raisonnement suivant : *le juge se dira* : « Voilà un individu pareil aux
autres et à moi-même ; or, dans ma conscience, j'ai la
conviction intime que je me serais abstenu de commet-

tre le fait que l'accusé vient de commettre, et que la majorité de ses semblables n'aurait pas commis ». Sans aucun doute, un moment de réflexion suffit pour conclure à la fausseté de ce raisonnement : en effet, peut-il être vrai que l'inculpé soit semblable au juge qui va le juger et à la majorité des hommes ?

Le juge pourra dire encore : « Je veux, par imagination, me mettre à la place de l'accusé et me proposer d'éprouver le même sentiment pour pouvoir ensuite apprécier le degré de sa responsabilité morale » Ce moyen conduira-t-il à un résultat plus heureux ? Le juge arrivera-t-il ainsi à une juste appréciation ? Assurément non, parce qu'il jugera d'après lui et non, comme l'a fort bien dit mon très distingué professeur M. Garçon, « d'après la conscience de l'Homme-Dieu». Il se trompera donc faute de vrais éléments.

Si on va plus loin encore en voulant chercher si le coupable, lui-même, se rend un juste compte de sa responsabilité morale, on se convaincra certainement du contraire : en effet, combien d'individus y a-t-il chez lesquels tout sentiment moral est mort, incapables de voir leurs fautes, et inaccessibles au remords. D'autre part, on rencontre très souvent une autre catégorie d'individus, chez lesquels le phénomène contraire est manifeste, gens trop scrupuleux qui exagèrent leurs moindres fautes. Il y en a enfin qui, sous l'empire d'une idée fixe, commettent des faits délictueux, poussés par leur manie. Ceux-là non plus ne peuvent se rendre compte de leur responsabilité morale.

Voilà donc l'homme impuissant à déterminer cette responsabilité et par conséquent, la *répression humaine* impuissante aussi à organiser l'*expiation* qui, je l'ai dit, est invoquée par la théorie éclectique pour atténuer la rigueur du principe exclusif de l'utilité sociale. Puis, il y a à remarquer encore un autre inconvénient social, c'est qu'en adoptant ce système comme fondement de la peine, il faut exclure du cadre des infractions, une multitude de délits dont l'élément immoral fait défaut ; comme, par exemple, dans la plupart des contraventions et mentionnons aussi l'homicide involontaire. Où trouver ici la faute morale ? On dira qu'il y a toujours immoralité dans le fait de violer la loi. Mais alors il faut dire que la moralité d'un fait dépend de la volonté du législateur. Est-ce raisonnable ? Or les principes de la morale sont bien distincts de ceux du droit positif qui, *lato sensu*, est l'immeuble des lois, et nous savons que cette distinction a été reconnue nécessaire déjà par le législateur romain ; et elle est d'autant plus nécessaire que les rapports sociaux se multiplient.

En résumant maintenant les considérants que j'ai apportés contre cette troisième théorie, je concluerai qu'elle non plus n'a pas trouvé la vraie solution du problème sur le fondement du droit de punir. Mais alors, dira-t-on, il n'y a pas de droit pénal possible. A

l'instant nous prouverons le contraire, parce que la
juste solution de ce problème existe; elle est exposée
par M. le professeur Garçou dans la formule suivante :
« Le fondement du droit de punir c'est l'utilité sociale;
la mesure de la peine c'est encore l'utilité sociale,
et à cela il faut ajouter le principe de la justice; mais,
et remarquons le bien, non celui de la justice divine,
du Dieu, non le principe de l'expiation; et celui de la
justice humaine » (1). J'ai déjà dit que les choses humaines doivent être jugées humainement.

Conséquemment à ce que je viens de dire, je déclare
que mon sentiment personnel et immuable est, que
les principes de cette dernière théorie sont les vrais,
ceux sur lesquels repose le droit social de punir, et
qui en même temps doivent servir à déterminer la
mesure de la peine.

C'est non seulement l'autorité de mon érudit professeur qui m'a imposé ce sentiment, mais aussi et surtout la vérité éclatante que cette théorie fait ressortir, et
qui ne sera jamais contredite par ceux qui, s'occupant
de trouver la solution des problèmes sociaux, la cher-
cheront sur la terre, dans les phénomènes sociaux mêmes, et non ailleurs.

Le problème de la pénalité a soulevé encore d'autres
questions que celles que je viens de traiter jusqu'ici

1. Cours de M. le professeur Garçon. Faculté de droit de
Paris, 1898.

et que je ne pourrais passer sous silence, sans être
laconique, dans un ordre d'idées qui s'enchaînent logiquement et ne peuvent fonctionner qu'ensemble pour
arriver à une solution complète de notre problème.
Ainsi, après avoir exposé la solution des questions :
sur le droit de punir, sur le fondement de ce droit et
sur la mesure de la peine ; il me reste encore à analyser les questions suivantes ; 1° Qui doit déterminer la
peine ? 2° Quel est le meilleur système pénal, ou
mieux, quelles sont les peines, que le législateur
doit édicter pour atteindre le but de la pénalité,
c'est-à-dire pour réaliser la satisfaction que la société
réclame pour la lésion que le fait incriminé lui a cau-
sée ? 3° Quel est le régime le plus raisonnable, que le
pouvoir social doit organiser, pour l'exécution des peines, de manière qu'il soit, à la fois, conforme au point
de vue humanitaire, et surtout, propre à assurer l'efficacité de la peine ?

La première de ces questions, celle de savoir qui
doit déterminer la peine, est une des plus importantes
dans le droit pénal ; mais son étude, aujourd'hui, présente un intérêt plutôt rétrospectif, car, présentement,
le système de *peines arbitraires* est banni par toutes
les législations qui accusent une civilisation juridique
moderne, et remplacé par le système dit des *peines légales*. Cette réforme qui est le fruit des principes posés
par la philosophie du xviii° siècle ; fut légiférée en premier lieu en France, par le droit révolutionnaire dans

la Déclaration des droits de l'homme du 26 août 1789
et dans quelques autres textes parmi lesquels je cite-
rai : les décrets du 21 janvier 1790 et des 16-24 août
1790. Désormais sont consacrés les principes d'égalité
pour tous devant la loi pénale, et celui de la peine
fixée et déterminée par la loi. Ils sont donc, bien pas-
sés, et pour toujours, les temps où le vieux Loysel
disait : « Pour les crimes qui méritent la mort, le
vilain sera pendu et le noble décapité ». Je considère
donc superflu de faire l'historique ou un long développement de cette question sur la détermination de la
peine. Quelques mots seulement sur les considérants
qui démontrent les graves défauts des peines arbitraires, me suffiront pour conclure à leur rejet en faveur
des peines légales. Pour apprécier, d'une manière
juste, l'efficacité d'un système pénal, il faut examiner
et se reporter aux résultats qu'il produit.

La longue expérience et les résultats antisociaux et
contraires à la justice que l'application des peines
arbitraires a donnés, devraient depuis longtemps
amener leur condamnation. Mais la tradition en est
tellement invétérée, que nous voyons, non sans éton-
nement, d'éminents esprits, comme par exemple Mul-
liard, magistrat très versé dans le droit criminel, re-
pousser systématiquement toutes réformes sans exception ; il faut lire sa première brochure et le voir réfu-
ter, sans aucun ménagement, les arguments si logi-
ques que Beccaria apporte dans son excellent livre

« des délits et peines » § III. Mais il y en a aussi d'autres que blâment l'arbitraire des peines. Citons, parmi
eux, Servan, avocat général au Parlement de Greno-
ble, qui dans son discours sur l'administration de la
justice (1750), réclame une limitation au pouvoir du
magistrat. Il est vrai qu'il se place à un autre point de
vue que Beccaria, mais le motif est toujours le même :
les résultats iniques du système.

Enfin, pour comprendre exactement, combien les
peines arbitraires ont été reconnues vicieuses, il suffit de
lire les cahiers des États Généraux de 1789 ; tous protes-
tent contre le pouvoir presque illimité et arbitraire du
juge. C'est la France, je le répète, qui, la première, a
réalisé cette réforme salutaire et tant désirée ; réforme
qui n'a pas tardé à être adoptée successivement par les
législations étrangères. On peut dire qu'à partir de la
deuxième moitié de ce siècle, elle constitue un fait
accompli par toutes les nations civilisées.

Pour justifier le principe « *Nulla pœna sine lege* »,
sur lequel repose le système des peines légales, il n'y a
pas de meilleurs arguments que ceux exposés par Beccaria dans son traité cité tout à l'heure § III et je ne
trouve pas nécessaire d'en ajouter d'autres. Cependant,
avant de finir, il me reste à dire encore quelques mots
sur les principes fondamentaux qui caractérisent ce
système, savoir : 1° nulle peine sans loi ; 2° égalité
devant la loi pénale. L'irréprochabilité de ces principes
est incontestable ; mais il n'est pas de même pour cette

conséquence erronée qu'on en a tirée: *la peine légale fixée d'une manière invariable, sans maximum ni minimum entre lesquels le juge puisse se mouvoir.* C'est cette haine de l'arbitraire, dont on avait tant abusé, qui a amené les errements de la Constituante qui tomba dans l'excès contraire, en enlevant au juge toute faculté de proportionner la peine à la culpabilité si variable de l'agent.

Ce système a duré jusqu'au Code de 1811, quand a commencé un revirement dans le sens de laisser au juge une certaine latitude dans l'appréciation. Mais la réforme a été insignifiante ; un changement plus radical était nécessaire, vu le résultat néfaste produit par la fixité trop absolue des peines légales. Ainsi, le juge, en face du texte précis de la loi, se trouvait forcé de prononcer la peine édictée et qu'il estimait contraire à la justice et à l'utilité sociale. Placé dans l'alternative, ou de prononcer une peine contraire à sa conscience, ou d'acquitter le coupable, il préférait ce dernier parti. Il est évident que ce n'était pas ce résultat qu'on voulait obtenir.

C'est en 1824 que le législateur introduit les premières réformes plus sensibles, en permettant l'abaissement de la peine dans certains crimes et dans certains cas déterminés. Mais la grande réforme fut apportée par la loi de révision de 1832. Les doctrinaires arrivèrent au pouvoir ; ils avaient combattu la sévérité du code pénal, ils tinrent alors leur promesse.

Dorénavant le juge a la faculté de se mouvoir librement entre le maximum et le minimum de la peine que la loi détermine, et quant aux délits, il peut descendre jusqu'à un franc d'amende.

Voilà donc les imperfections du code pénal corrigées par ce système mixte, le seul logique. Il fixe la peine au double point de vue *objectif* et *subjectif* ; au premier c'est le législateur qui examinera et déterminera, *in abstracto*, la peine qu'il considérera propre et pour la réparation du préjudice social que l'infraction a provoqué et pour la garantie de la sécurité de la société. Au point de vue subjectif, c'est-à-dire quant à la culpabilité de l'individu, ce sera le juge qui l'examinera en se guidant sur le principe de la justice, sans perdre de vue l'utilité sociale.

Il nous reste à étudier maintenant les deux dernières questions : celle relative au système de peines et celle qui concerne le régime de leur exécution. Mais comme ces deux questions constituent le fond de notre thèse, nous les examinerons à leur place dans deux parties distinctes.

PREMIÈRE PARTIE

SYSTÈME DES PEINES DANS LA LÉGISLATION ROUMAINE, COMPARÉ AVEC LA LÉGISLATION FRANÇAISE ET DES LÉGISLATIONS ÉTRANGÈRES.

Cette partie de ma thèse se divise en deux chapitres : dans le premier, je veux présenter un exposé des sources du droit pénal roumain, exposé qui, forcément, sera très bref, étant donné le nombre fort restreint de documents historiques conservés dans les archives de l'Etat, concernant la législation pénale ancienne ; le second chapitre est consacré à l'étude comparative du système pénal et des questions subsidiaires que son examen soulève.

CHAPITRE I

Source du droit pénal roumain.

Avant la fondation de deux principautés de Valachie et de Moldavie au xiiie et xive siècle, les différents petits Etats, (notamment sous forme de républiques dont le type était la république Romaine) qui existaient alors sur le territoire qui aujourd'hui sert d'assiette à l'Etat Roumain et qui jadis faisait partie de l'ancienne Dacie conquise par Trajan, avaient pour principale source de leurs lois coutumières les dispositions contenues dans la législation romaine, phénomène d'ailleurs très logique, étant donné que la population de ces contrées, était formée par les colonies romaines établies ici, après l'*extermination*, prétendent certains historiens, ou, après l'*expulsion* des Daces, d'après d'autres.

Cette théorie est confirmée par un érudit grec Chalcocondylas qui nous dit que, dans les colonies établies par les Romains dans les pays conquis, les mœurs et les lois de la mère-patrie étaient fidèlement conservées. Cette thèse est raffermie par des documents historiques des chroniqueurs, (postérieurs à la fonda-

tion de ces deux principautés) qui disent que : « les
juges jugeaient d'après les coutumes du pays *conservées de génération en génération* » et que les peines
étaient prononcées d'après les mêmes coutumes, et
laissées aux bonnes lumières du juge appréciateur des
infractions et de leur gravité. Ces documents nous font
connaître aussi la cruauté des peines en usage dans les
deux pays. Ainsi, pour des faits dont la gravité n'était
pas si grande, comme le simple vol, le coupable encou-
rait la peine de mort. Cette peine revêtait plusieurs
formes suivant la gravité du délit et la condition
sociale soit de la victime, soit du délinquant. Les
modes d'exécution les plus usités étaient le bûcher,
le pal, (ce dernier spécialement réservé pour les
grands criminels) la potence, la décapitation, et, dans
des cas particuliers, par le plomb fondu versé dans la
bouche. L'amende et la réparation pécuniaire accompa-
gnaient d'habitude ces peines. Cependant le système
pénal était sans aucune stabilité, car, comme il arrivait
toujours, dans les procès de crimes pouvant entraîner la peine capitale, c'était le prince régnant (Voïevod)
assisté des dignitaires du pays formant son conseil, qui
jugeait les accusés ; de sorte que les anciennes coutumes du pays subirent de continuelles modifications et
altérations dans le cours des temps et, suivant la volonté et les sentiments plus ou moins humanitaires ou
cruels dont chaque Voïevod était inspiré. Ainsi la
législation pénale très ancienne, se présente sous une

lumière trop indécise pour que nous puissions nous rendre un compte exact sur le système pénal de ces époques reculées.

Le chroniqueur Cantemir, dans son œuvre « *Description de la Moldavie* », nous dit, qu'au commencement du xvᵉ siècle « le prince souverain Alexandre le Bon, s'apercevant, que les juges ne savaient plus juger droitement; pour remédier à ce mal, composa un recueil de lois, (resté à l'état de manuscrit) dont un grand nombre de dispositions étaient puisées dans une compilation des lois grecques, de Balsamom ». D'après ces renseignements il résulte donc, qu'à partir du xvᵉ siècle, à côté des vieilles coutumes nationales, viennent se placer, pour les modifier ou compléter, des lois byzantines dont les dispositions furent dorénavant suivies dans les jugements.

La Valachie, dont la population, les mœurs et les coutumes étaient de la même origine, a subi naturellement les même influences.

A partir de la seconde moitié du xviiᵉ siècle, la législation pénale, dans les deux pays, sort du domaine du droit non écrit pour entrer dans celui du droit écrit: les premiers monuments législatifs de cette nature se placent: pour la Moldavie en 1646 sous le règne du prince souverain Basile Loupou; pour la Valachie en 1652 sous le règne de Mathei Bassarab. Ce sont des recueils dont les dispositions se composaient en partie de coutumes nationales, modifiées d'après les nécessités et les mœurs du temps ; en partie des extraits traduits d'après les Basiliques et un autre livre connu sous le nom de « *Monocanon d'Aristip* (1) ».

Désormais, toutes les peines étaient systématiquement et légalement prévues et déterminées, dans les deux pays, alors que dans presque toutes les législations étrangères elles étaient arbitraires et pour longtemps encore.

Au point de vue du système des peines et de leur cruauté, les deux législations ne diffèrent guère. On remarque cependant dans celle de Mathei Bassarab une disposition particulière, par laquelle il recommande aux juges « de juger avec piété et de ne croire les dires de quiconque sans rechercher, pour se convaincre, s'ils sont vrais ». De même dans le livre des lois de Basile Loupou, nous voyons une disposition d'une humanité peu commune à cette époque, il dit : « celui qui, à cause de grande pauvreté, a volé des choses à manger, sera pardonné ». Dailleurs, comme je viens de le dire, les peines étaient très cruelles, mais la sévérité était inégale, elle variait suivant la condition sociale du condamné. Ici, comme en France et ailleurs, il y avait la classe privilégiée des nobles (appelés boyards) et la classe inférieure qu'on appelait *le peuple*.

1. Ces monuments législatifs étaient appelés « *Pravila* », c'est-à-dire livre de lois, de Basile Loupou et de Mathei Bassarab.

La citation de quelques dispositions pénales, extraites des deux livres mentionnés, me permettra de présenter une image fidèle de la cruauté des peines qu'ils édictaient :

1° Celui qui, pour la première fois volait si peu que ce soit à son maître, était marqué, avec un fer rouge, sur une narine ; pour la deuxième fois il était pendu. La dernière peine était arpliquée même pour le premier vol s'il portait sur une chose plus importante.

2° Celui qui, pour se venger, incendiait la maison de son ennemi, ou son aire avec le blé ou le foin, était brûlé vif.

3° Celui qui, pour la troisième fois, volait des volailles, était pendu.

4° Le faussaire de monnaie était d'abord décapité, ensuite son tronc était brûlé et tous ses biens confisqués.

5° Tout meurtre était puni de mort.

6° Pour le meurtre d'un enfant, le mode d'exécution « devait être plus terrible » que pour celui d'un « homme formé ».

7° Le parricide était d'abord mutilé, on lui coupait la main avec laquelle il avait tué, ensuite il était attaché à la queue d'un cheval, traîné par les rues, et enfin décapité.

8° Celui qui empoisonnait quelqu'un était mis à mort, et ses enfants devenaient « incapables, privés de toute estime et déshonorés devant tous ».

9° « Celui qui confiait sa fille à une femme, soit pour l'instruire, soit pour lui apprendre un métier quelconque et qui payait pour cela et donnait encore la nourriture dont elle (la fille) avait besoin, et que la ci-devant femme, par ses mauvais conseils, poussait la fille à suivre un homme qui voulait l'enlever à l'insu de ses parents, (père et mère). Alors le juge lui fera la loi comme il faut, en punissant la femme. Il lui versera du plomb fondu dans la bouche pour qu'il descende par la gorge jusqu'au cœur, car c'est par ces organes que sont sortis les mots de séduction de la fille causant la douleur à ses parents ».

10° Celui qui volait le crucifix d'une église était pendu ou brûlé vif.

11° Celui qui incendiait la haie clôturant un vignoble d'autrui, était d'abord marqué sur la main, ensuite fustigé, et obligé de payer le double de la valeur de la haie.

Dans le livre de Basile Loupou, nous voyons (art. 17) une disposition cruelle, mais très caractéristique de cette époque : « Celui qui vendra sa *terre* ou le foyer de sa naissance, sera plus terriblement puni que celui qui tue ses parents (père et mère), parce qu'il est mieux que quiconque surveille et estime sa *terre* » (ce terme est pris comme champs de labour et comme synonyme de patrie).

Cette disposition était dictée à nos princes nationaux par un sentiment de patriotisme, justifié à cette époque où le pays commence à être envahi par les Grecs du Fanar que les Roumains appelaient les Fanariots, individus dépourvus de tous sentiments humains, avides de s'enrichir et, pour y arriver, ne reculant devant aucun moyen. Le danger consistait en ce que, par des manœuvres frauduleuses ils décidèrent le paysan, avec une somme insignifiante, à leur céder son lopin de terre, et ainsi acquirent des domaines importants et par là même une autorité sur les habitants d'une commune ; de sorte que, à un moment donné, leur présence dans le pays, comme propriétaires, pouvait constituer un danger pour l'intégrité nationale et un péril pour la dynastie. C'est ce qui arriva finalement, au commencement du xviiie siècle, date à laquelle se place l'ère déplorable, connue dans l'histoire nationale sous le nom d'ère de fanariots, parce que, pendant cette époque qui a duré plus d'un siècle, le trône de Valachie et celui de Moldavie furent occupés par des beys grecs du Fanar, viles créatures du Grand Turc et du Grand Vizir de la Sublime Porte.

A partir de cette date, les deux livres de lois, de 1646 et de 1652, tombèrent en désuétude et furent remplacés par des lois et coutumes exotiques et principalement par des lois byzantines.

Les chroniqueurs nous font connaître ce qu'était la justice de ces temps, ils disent : « Les juges faisaient le droit d'après leur bon plaisir, et les lois arrivèrent à être pareilles aux toiles d'araignées, dans lesquelles

les petites mouches viennent se prendre et d'où les grandes s'échappent en les déchirant ».

Cet état de choses dura jusqu'en 1817 quand parut, en Valachie, et fut mis en vigueur, le code Caradgea, embrassant la législation en général et dont les dispositions concernant le droit pénal furent remplacées par le code pénal du prince souverain Demetre Stirberg, (1849–1856) copié sur le code pénal français de 1810 ; il resta en vigueur jusqu'en 1865 date de l'application du code de 1864 qui fut modifié en grande partie par la loi du 17 février 1875.

En Moldavie, la législation du pays en général, fut codifiée en 1826 sous le règne du prince Calimach ; la partie consacrée au droit pénal subit la même sorte d'abrogation et modification que le code Stirbey en Valachie.

CHAPITRE II

Etude comparative du système pénal d'après la législation roumaine, la législation française et des législations étrangères.

§ I. — *Un système pénal signifie l'ensemble de peines admises et organisées dans la législation pénale d'un Etat.*

Pour nous rendre un compte exact, et pour pouvoir soutenir d'une manière judicieuse si tel système est bon ou défectueux, à tous les points de vue qu'il comporte de l'envisager, il faut nécessairement examiner séparément chacune des peines qui ont été appliquées et qui sont appliquées dans les diverses législations; voir laquelle de ces peines présente les qualités nécessaires pour réaliser le but poursuivi, laquelle au contraire est de nature à produire des effets opposés à l'intérêt social.

Le problème du système pénal est, à bon droit, regardé comme étant l'un des plus importants de la science pénal. En effet, de la solution plus ou moins heureuse de ce problème, dépend l'admission d'un système de peines qui seront le fidèle reflet d'une législation civilisée ou barbare, libérale ou despotique, humanitaire ou cruelle ; ayant un fondement qui repose sur des principes rationnels et réels ou sur des principes d'un ordre d'idées qui sortent du domaine humain pour se perdre dans celui du mysticisme ou de l'idéalisme.

§ II. — *Quelles sont les peines qui peuvent constituer un bon système pénal ?*

Avant de répondre à cette question qui implique l'examen de diverses peines, il me faut nécessairement rechercher la réponse à d'autres questions préliminaires, qui se rattachent notamment au but de la peine et aux conditions qu'elle doit présenter afin d'atteindre ce but, pour pouvoir ensuite apprécier si chacune elle est ou non conforme aux principes de la civilisation moderne.

Ainsi d'abord :

L'INTÉRÊT SOCIAL A LA PEINE ?

L'intérêt de la société réclame que tout fait de nature à jeter un trouble dans l'ordre social, de violer ses droits, de produire un désaccord dans l'harmonie qui doit régner dans tous ses rapports, soit réprimé par la peine que le législateur, d'avance, a édictée contre celui qui se rendra coupable d'une pareille action.

Ce que la société poursuit, c'est que satisfaction lui soit donnée pour la violation des principes qui concourent à son existence et à son maintien. Voilà le criterium qui va me servir de guide pour résoudre les questions suivantes : Qu'est-ce que la peine, c'est-à-dire en quoi consiste-t-elle? Quel est le but de la peine? Quelles sont les conditions que la peine doit remplir pour qu'elle puisse atteindre son but?

§ III. — *Qu'est-ce que la peine, en quoi consiste-t-elle?*

Dans un sens général, on pourrait répondre que la peine est le moyen par lequel le pouvoir assure la sanction des préceptes du droit positif; mais cette formule a le défaut d'être trop absolue, étant donné qu'il y a des prescriptions légales qui sortent du domaine de la législation pénale et dont la sanction est assurée par des moyens qui leur sont spéciaux : telles que les nullités d'actes, la réparation pécuniaire, la restitution, etc.

Donc, pour que la réponse soit correcte au point de vue pénal, il faut la formuler de la manière suivante: La peine est le mal dont le pouvoir menace ceux qui enfreignent la loi pénale (c'est la prévention), et qu'il inflige, dans l'intérêt de la société, à l'individu reconnu coupable d'une infraction (c'est la répression).

Cette réponse donnée, une autre question complémentaire se pose logiquement et immédiatement après, savoir : en quoi consiste ce mal que nous appelons peine ? Cette question, il ne faut pas la confondre avec une autre qui présente avec elle une certaine analogie, mais dont la réponse est bien différente. En effet, ici nous ne demandons pas quelle est la nature de la peine, au point de vue de l'espèce du châtiment qu'elle inflige au coupable ; cette question-ci, qui se confond dans celle du système pénal, a une longue histoire, car le changement constant auquel les systèmes des peines ont été et sont soumis varie à l'infini suivant les temps et les nations, de sorte que la profonde parole d'Ihering : « L'histoire de la peine est une abolition constante » se trouve pleinement justifiée.

Par conséquent voici la réponse à la véritable question. L'intérêt de la société réclame qu'un mal soit infligé au délinquant, et si nous demandons en quoi consiste ce mal, il nous suffit de se reporter à l'étymologie du mot peine. Il dérive du latin *pœna* qui lui-même vient du grec ποινή, ποινος, et signifie une douleur, une souffrance, une privation quelconque. Comme formule concise on peut dire que : c'est le rapport nécessaire de la douleur à la faute.

§ IV. — *Quel est le but de la peine ?*

Le pouvoir social, nous l'avons dit, a le devoir de

pourvoir à la conservation de l'ordre qui doit régner dans tous les rapports de la société ; à cette fin, il doit prescrire les mesures nécessaires et aptes à assurer la paix publique, et, comme sanction de ces prescriptions, il doit organiser des moyens propres pour la réaliser. Dans le domaine du droit pénal cette sanction s'appelle peine ; et les explications qui précèdent me serviront déterminer le but de la peine, ce que je ferai sous cette brève formule : Le but immédiat de la peine est de rétablir l'ordre que l'infraction a troublé ; j'ai dit *immédiat* parce que la société a aussi intérêt réaliser, par la peine, encore d'autres effets, dont l'examen se confond avec celui des qualités que la peine doit réunir, et qui font l'objet du paragraphe suivant.

§ V. — *Quelles sont les qualités que la peine doit présenter, ou les conditions auxquelles elle doit satisfaire pour atteindre le but poursuivi par la société ?*

Cette question exige un examen minutieux, vu sa complexité ; elle doit être envisagée à plusieurs points de vue de l'intérêt social qu'elle vise.

En effet, la peine doit réaliser non-seulement le rétablissement de l'ordre que l'infraction vient de troubler ; il faut, outre cette qualité, qu'elle en réunisse

encore d'autres subsidiaires mais non moins importantes et nécessaires pour garantir la sûreté sociale : le
délit, en dehors de l'effet immédiat qu'il a de provo-
quer un trouble actuel dans la paix publique, produit
encore un autre mal futur, celui de servir comme mauvais exemple et d'exciter l'esprit d'imitation chez les
gens inclinés aux perversités. Pour mettre un obstacle
à ce danger, il faut que la peine agisse d'une façon
intimidante, qu'elle inspire une peur à ceux qui seraient
tentés par l'espérance du profit et de la satisfation que
telle mauvaise action, qualifiée délit par la loi, leur
promet de réaliser. Donc la peine doit être exemplaire,
qualité nécessaire pour prévenir l'infraction.

La société a encore intérêt à ce que la peine produise
aussi, à l'égard du condamné même, un double effet :
qu'elle serve comme moyen d'expiation pour le mal que
le coupable a causé et qu'elle agisse sur lui, mora-
lement, en provoquant la révolte de sa conscience, de
ses sentiments d'honneur, de famille. Et si ces sentiments ne sont pas complètement atrophiés, la peine produira l'un des plus beaux effets désirés, celui d'être
corective, c'est-à-dire d'opérer l'amendement du condamné.

Si l'effet moral n'est plus réalisable, au moins
faut-il que la peine afflige le condamné matériellement
et assez profondément pour l'impressionner de façon à
le détourner de recommencer.

La privation de la liberté, pour plus ou moins long-

temps, la diminution de son patrimoine, l'âpreté du
régime de la prison, peuvent souvent avoir ce résultat.

Une autre condition à laquelle la peine doit encore
satisfaire, est exigée par le principe de *justice*, qui veut
que la peine soit personnelle, c'est-à-dire qu'elle ne
fasse souffrir que le seul coupable; et qu'elle ne
frappe pas aussi les innocents qui peuvent lui être
attachés ou par un lien de sang, ou par un lien social.
Cependant, et malheureusement, ce desideratum n'est
pas réalisable d'une manière absolue, et le mal est
sans remède.

Il en est dans le corps social comme dans le corps
humain; bien souvent il faut sacrifier un membre pour
sauver le corps.

Il se pose encore la question de savoir si la peine
doit être ou non infamante? On a soutenu qu'il ne
faut pas que la peine ait pour effet d'avilir l'individu;
de détruire tout sentiment d'honneur, de dignité humaine auquel le condamné pourrait encore être susceptible; car ce serait un obstacle à son relèvement
moral. Donc, la note d'infamie ne doit pas être attachée
à la peine.

Les anciens criminalistes distinguaient deux espèces
d'infamie: l'une de droit, dérivant du jugement qui la
prononce; l'autre de fait, qui dérive de l'opinion publique. Pour infliger la première, on employait deux
moyens: ou on se bornait simplement à la déclarer par
le jugement; ou bien on la faisait ressortir par une

exécution matérielle commue : la marque, le carcan, l'exposition publique, etc.

M'appuyant sur l'opinion de la majorité des auteurs, je crois que les objections qu'ils apportent contre les peines infamantes sont parfaitement raisonnables et par conséquent ces peines doivent être reléguées. Ainsi, la flétrissure que l'infamie a pour effet d'infliger au condamné est le plus souvent *inutile* ou *injuste*. *Inutile* pour ceux qui n'ont plus aucun sentiment de dignité humaine ; *injuste* pour ceux qui sont encore susceptibles d'un relèvement moral (1). Dans la voie de la suppression des peines infamantes, sont entrés, entre autres, le code pénal belge et le code pénal italien. Dans le code pénal roumain, la note d'infamie n'est pas expressément formulée, cependant elle résulte, comme conséquence, de certaines peines, mais dans une mesure très atténuée que j'exposerai dans la partie consacrée à l'étude de ce système pénal.

Enfin, comme dernière condition, on exige que la peine soit rémissible, c'est-à-dire que son exécution puisse être arrêtée, soit parce qu'un fait postérieur vient à prouver l'innocence du condamné, soit parce que la société, voyant que celui-ci s'est amendé, le considère comme digne d'une mesure gracieuse. Notons ici que ce caractère de rémissibilité, fait forcé-

1. *Voir la critique sur le système des peines infamantes,* Rossi, t. III, p. 127. Chauveau code pénal progressiste, p. 92.

ment défaut dans les peines qui frappent le condamné dans son intégrité physique.

En passant en revue et en examinant les conditions auxquelles la peine doit satisfaire pour qu'elle puisse atteindre son but, j'ai épuisé le sujet de ce paragraphe. Cependant j'en considère la clôture comme prématurée. Il est de mon devoir d'insister davantage sur un point que j'ai déjà effleuré en passant, mais non suffisamment développé pour être complet : j'ai dit que la menace du mal, que le pouvoir édicte contre celui qui se rendra coupable d'un fait incriminé par la loi pénale, doit être assez sérieuse et intimidante pour impressionner l'individu, de manière à le faire reculer devant les tentations de ses mauvais instincts.

Il y a beaucoup d'individus chez qui la voix de la conscience est seulement étouffée, chez qui les bons sentiments sont seulement en état de léthargie, si je puis ainsi dire, de sorte que, s'il y avait quelqu'un pour leur montrer les tristes et douloureuses conséquences qu'une infraction entraîne pour son auteur et pour tous ceux qui lui sont attachés, il serait souvent possible de les ramener dans la bonne voie. A cette fin, il faudrait organiser des moyens propres pour impressionner ces gens.

Il est vrai que le législateur a songé à cette chose quand il a prescrit la publication des condamnations ; et puis la promulgation des lois pénales, elles-mêmes, est faite aussi dans le but que tous individus aient connaissance de la nature du châtiment que le législateur édicte pour chaque espèce d'infraction. Oui, c'est bien dans le but d'intimidation que ces mesures sont prescrites ; mais leur efficacité ? Combien de gens lisent le code pénal ? Combien les publications des condamnations ?

Et même, en admettant qu'ils lisent, peut-on, raisonnablement, soutenir que ces textes, conçus dans un langage froid et concis, ont la vertu de laisser une impression capable de réveiller les sentiments endormis de ceux qui sont poussés sur la fausse route ? Non ! A ceux-ci il faudrait peindre avec de vives couleurs le tableau des souffrances que la peine produit, de la douleur ressentie par la victime et sa famille ; il faudrait leur décrire la vie misérable dans les prisons, et les joies d'une existence honnête et le bien-être d'un heureux chez soi. A qui la haute mission de ce noble devoir social incombe-t-elle ? Un instant de réflexion et la réponse est donnée : en premier lieu, ce rôle appartient, à la presse quotidienne, aux publicistes, aux écrivains populaires et aux auteurs dramatiques. La presse pourrait bien sacrifier, journellement, une rubrique pour la consacrer à des articles dont le sujet serait le crime et les peines, décrites de la manière que je viens de montrer ; rappelant, de temps en temps, tel crime qui a produit, lors de sa perpétration, une profonde émotion, et décrivant l'existence pleine de privations que son auteur condamné mène dans la pri-

son ou dans la colonie pénitentiaire, sans liberté, mé-
prisé par tout honnête homme; rappeler aussi le déses-
poir dans lequel sont plongées les victimes de l'infraction, les souffrances des orphelins restés sans soutien,
etc. — Au lieu de cela, la presse, quand un crime vient
d'être commis, se borne à faire les récits horribles
de l'état de la victime, à admirer quelquefois l'audace
ou l'habileté avec laquelle le délit a été *opéré* ; et à la
fin à constater, je n'ajoute pas avec satisfaction, que
le malfaiteur a réussi à tromper la vigilance de la police,
et s'est échappé pour jouir en paix des fruits de son
crime.

Et que montrent les romans, soi-disant sensationnels,
qui à cause de leur bon marché sont vendus par mil-
liers et dont le contigent, presque exclusif, des lec-
teurs est fourni par la classe quasi-instruite qui représente la grande masse du peuple ? Que produisent
les pièces qui se jouent sur beaucoup de théâtres ?
Quels sont leurs sujets de prédilection ? Des bandits,
des forçats redoutés échappés du bagne, ou toutes
espèces de débauches ou vices décrits d'une façon
exagérée et excitante, suivant la fantaisie plus ou moins
féconde et impudique de leurs auteurs. Comme si la vie
réelle et le milieu où chacun vit ne présentait pas assez
souvent et d'une manière assez crue et hideuse ces
misères humaines ! Est-il besoin de les multiplier encore
de les entourer de circonstances encore plus perver-
ses ou honteuses pour qu'ils agissent d'une façon plus

désastreuse sur l'imagination et qu'ils excitent l'esprit d'imitation ? Pourquoi ces auteurs n'appliquent-ils pas leurs talents à décrire les vertus familiales ou civiques qui, il faut le dire, ont commencé à devenir de plus en plus rares ?

Le pouvoir devrait intervenir avec des mesures d'une sévérité extrême pour mettre fin à cette calamité sociale dont les victimes sans nombre accroissent constamment l'armée des criminels, au plus grand préjudice de la paix publique.

Il n'est pas difficile de se représentr quel funeste résultat produit la lecture de pareilles brochures malsaines. Il suffit d'examiner dans un certain nombre de cas de perquisitions, quels sont les livres qui composent le bagage littéraire d'un délinquant primaire. Toujours, dans ma carrière de fonctionnaire, en qualité d'auxiliaire du ministère public, j'ai eu l'occasion de constater que ce sont des livres obscènes, des romans dans lesquels les héros sont des bandits ou des criminels de grande envergure. Quel nourriture pour l'imagination déjà affectée par le milieu vicieux où vivent ces individus ? Quel stimulant funeste pour un esprit enclin à imiter tous ces méfaits !

Un autre moyen pour faire connaître publiquement les malheureuses conséquences de la violation de la loi pénale serait encore de charger les magistrats du ministère public, dans chaque arrondissement, d'exposer, dans de fréquentes conférences, accessibles à tous, les sujets des délits et de leurs châtiments ; la liberté ; l'honneur ; la considération publique. etc., et de décrire les avantages qu'il y a à posséder ces biens et les souffrances qu'éprouvent ceux qui en sont dépossédés à la suite de leurs méfaits.

§ VI

Maintenant que nous avons vu quelles sont les conditions auxquelles une peine doit satisfaire pour qu'elle puisse atteindre le but poursuivi, nous pouvons nous poser la question de savoir, quelles sont les peines qui doivent figurer dans un système pénal rationnel ?

Une réponse exacte et complète ne pourrait être formulée, qu'en recherchant dans l'histoire des diverses peines, quels ont été les résultats obtenus à la suite des expériences faites par leur application, et en se demandant ensuite si ces résultats correspondent au but que la société voulait et devait atteindre.

Pour me faciliter le chemin que je dois parcourir en examinant chaque peine et arriver à démontrer si elle doit être admise ou non, il me faut tout d'abord procéder à une première classification des peines au point de vue de la nature du châtiment qu'elles infligent aux délinquants.

Cette classification comprend les peines de la nature suivante : A, peines corporelles; B, privatives de liberté, C, privatives des droits, D, pécuniaires, E, d'ordre moral.

Voyons à présent quelles sont les peines qui entrent dans chacune de ces catégories.

A. —*Peines corporelles.*

Ce sont celles qui infligent une souffrance physique au condamné, et parmi lesquelles figure, en premier lieu, la peine de mort, qui a généralement existé chez tous les peuples et depuis les temps les plus reculés. Seuls, les modes de son exécution ont varié suivant les époques et les diverses nations.

Comme les plus fréquemment employés, on peut citer : le garrottage, la pendaison, la décapitation, la roue, le bûcher, l'écartélement etc.

Un mode d'exécution, plus spécialement employé en Roumanie, et notamment pendant le règne du prince souverain de Valachie Vlad Voïevode (1456-1462 et 1472-1477), a été l'empalement. Je ne veux pas anticiper ici sur la question de savoir si la peine de mort en général est ou non un moyen d'intimidation et d'exemple efficace pour agir d'une façon préventive. Mais ce que je dirai, c'est que le mode d'exécution que je viens de citer, selon les dires des chroniqueurs, a inspiré une telle peur aux malfaiteurs, qu'à cette époque où les grands chemins étaient en général infestés de brigands, la plus grande sûreté régnait pour les voyageurs qui n'avaient plus à craindre d'être inquiétés. Si on perdait sa bourse dans la rue, on pouvait être sûr de la retrouver intacte, personne n'aurait osé la toucher, craignant d'être incriminé comme voleur et d'encourir l'horrible peine dont le plus petit vol était puni. Un épisode de la même époque, intéressant à citer, est le suivant : Un marchand de Venise, qui venait souvent avec des objets précieux pour les vendre sur les marchés roumains, arrivant devant Bucarest à la nuit tombante, après la fermeture de la douane, ne pouvant entrer en ville avec sa marchandise, demanda qu'on lui donnât une bonne garde pour la nuit. Il lui fut répondu qu'il pouvait rester sans crainte en ville, et laisser la marchandise sans aucune surveillance, étant sûr de la trouver, le lendemain, intacte ; ce qui arriva. Le document relatant ce récit fut trouvé dans les archives de Venise.

Parmi les peines corporelles, on peut encore citer les diverses espèces de mutilations, très fréquentes dans les anciennes législations, comme celles d'un membre, de la langue, du nez, de l'oreille, la fustigation, la marque au fer rouge etc.

En ce qui concerne l'utilité de ces peines, une longue réflexion n'est pas nécessaire pour dire qu'elles doivent être rayées toutes et pour toujours de tout système pénal raisonnable, ce qui d'ailleurs est fait, sauf pour la peine de mort dont l'utilité est encore discutée, et sur laquelle je reviendrai.

La cruauté de ces peines corporelles, excepté celle de mort, et les faux principes qui leur servaient de fondement, constitueraient un anachronisme indiscutable pour notre siècle. En effet, la société n'a le droit de punir que dans la stricte mesure de l'utilité sociale et de la justice humaine. Or, pareilles peines ne sont ni utiles ni justes : la société n'a aucun intérêt à ce que le délinquant soit mutilé ; la justice, basée sur le principe de la morale et de l'humanité, s'oppose à ces mesures barbares, qui, pour l'honneur de notre siècle, ne figurent plus, et depuis longtemps, dans aucune législation pénale ayant pour fondement les principes cités, leur inutilité étant prouvée d'une manière irréfragable.

Quant à l'utilité de la peine de mort, qui existe encore dans beaucoup de législations, elle a soulevé un des plus ardus problèmes du droit pénal. J'y reviendrai à l'instant ; je veux d'abord finir avec la question qui concerne le mode de son exécution.

La tendance unanime qu'on voit se manifester dans les législations qui ont maintenu encore la peine de mort, de prescrire un mode d'exécution qui amènera la mort le plus promptement possible, est une preuve que tout autre moyen, contraire à ce principe d'humanité, est proscrit, comme par exemple la crucification, l'autodafé, l'écartèlement, la roue etc. dont la cruauté constitue par elle-même un véritable crime de lèse-humanité.

Aujourd'hui les modes d'exécution de la peine de

mort sont : en France la guillotine ; en Autriche la pandaison, en Espagne le garrottage, dans les Etats-Unis d'Amérique l'électricité etc. La fusillade aussi est employée dans quelques cas spéciaux, surtout dans les armées.

J'aborde maintenant l'examen des discussions auxquelles le maintien de la peine de mort a donné lieu. Déjà, depuis le xII[e] siècle, la question de cette peine a soulevé, au point de vue des doctrines religieuses, de vifs débats entre les docteurs catholiques et ceux des sectes dissidentes. Mais je ne m'arrêterai pas à ces discussions qui sortent du cadre de ma thèse (1).

Envisagée au point de vue social, la peine de mort fut l'objet de discussions encore plus passionnées de la part des philosophes du xVIII[e] siècle. En premier lieu il faut citer Beccaria qui contesta la légitimité de cette peine (2) ; ses antagonistes furent, en Italie, Filangieri, en France, J. J. Rousseau et Mably qui soutinrent sa légitimité. Ailleurs, au commencement de ce siècle, nous voyons aussi Bentham, jurisconsulte anglais, proposer la suppression de cette peine et son remplacement par les travaux forcés avec emprisonnement perpétuel et solitaire.

La même chose est proposée par Edward Livingstone devant l'assemblée générale de la Louisiane.

A partir de la seconde moitié de notre siècle, se des-

1. Molimer. *Rec. de l'acad. de législ.* T. X. p. 492.
2. Beccaria. *op. cité.* page 19.

sine un mouvement abolitionniste très accentué, qui amena la suppression de cette peine dans un grand nombre de législations pénales en Europe (1) savoir : 1° La Toscane mérite une mention spéciale, comme étant la première qui l'a abolie en 1786 ; mais depuis, elle y fut rétablie et supprimée plusieurs fois, pour disparaître définitivement en 1859. La question de son rétablissement fut encore souvent mise sur le tapis, ce qui a été une des principales causes du retard subi par le code pénal italien entré en vigueur depuis 1890, et où la peine de mort est supprimée. 2° La Roumanie se place la seconde dans l'ordre chronologique des états qui *législativement* ont aboli cette peine ; c'est en effet par le code pénal sanctionné le 22 octobre 1864, mis en vigueur à partir du 22 août 1865, que la suppression fut faite. J'ai dit *législativement*, car de fait, en Valachie, déjà depuis 1823, aucune exécution n'avait eu lieu. La dernière a été celle de deux Grecs d'Etérie qui étaient les instigateurs d'un complot tramé contre le prince régnant Grégoire D. Ghica. De

1. On trouve dans Holle. *Rev. cr.* 1867 T. XXXI, p. 322, l'énumération, par ordre chronologique, des partisans de l'abolition. Parmi les plus remarquables citons : France : Charles Lucas, 1827. Victor de Tracy. 1830, Berenger (de la Drôme) 1830, Carnot 1830, Jules Bastide 1830, Victor Hugo, 1836, De Lamartine 1848, Jules Favre, 1834, Ortolan, 1867. Suisse : De Sellon (comte) 1826, Saintes, 1835. Belgique : Ed. Ducpetiaux 1827, Nypels 1848, Haus 1848, Royier 1867.

même en Moldavie, depuis l'application du Règlement organique en 1832, bien que la peine de mort
y fût encore prévue, elle ne fut guère prononcée, jusqu'à son abolition de droit par le code pénal de 1865,
que dans deux ou trois cas isolés. Un an après la promulgation du code, en 1866, la Constitution Roumaine
par l'article 18 dispose : « La peine de mort ne pourra être prononcé, sauf dans des cas prévus par le code
pénal militaire en temps de guerre ». 3° Le Portugal
la supprima en 1866. 4° Les Pays-Bas en 1870. 5° En
Allemagne, plusieurs États l'avaient supprimé, mais
elle fut rétablie par le code pénal allemand adopté en
1870 sous l'influence de Bismarck. 6° En Suisse, la Constitution fédérale du 29 mai 1874, par l'article 65 a
aboli la peine de mort qui était encore appliquée dans
quelques cantons. Elle avait été déjà abolie dans le
canton de Fribourg en 1858, dans celui de Neufchâtel
en 1854, et dans celui de Genève en 1870.

Le code pénal belge de 1867 édicte encore la peine
de mort, mais en pratique elle n'est plus appliquée,
car toutes les fois qu'on la prononce, elle est commuée.

En France, la question de son abolition fut posée
devant l'Assemblée Constituante par Lepelletier de
Saint-Fargeau, qui, dans un remarquable rapport,
montra son inutilité et conclut à son remplacement par
l'emprisonnement solitaire (1). Le 14 brumaire an IV,

1. Charles Lucas. *Rec. des. délib. des Assemb. législ. de la
France sur la question de la peine de mort.*

la Convention déclara, qu'à dater du jour où la paix générale serait publiée, la peine de mort serait abolie. On sait que cette disposition ne fut guère exécutée, et une loi du 8 nivôse an X, décida que : « la peine de mort continuerait d'être appliquée dans les cas déterminés par la loi : » Le code de 1810 l'a maintenue et prévue dans de nombreux cas. C'est seulement en 1832 que la loi de revision se manifeste par un double progrès : 1° en supprimant la peine de mort dans certains cas, notamment pour les crimes de fausse monnaie ; de faux d'effets publics de la Banque ; de contrefaçons du sceau de l'Etat et de vols qualifiés ; 2° en donnant au juge, le moyen de l'écarter par la déclaration des circonstances atténuantes.

En 1848 un nouveau progrès fut réalisé par l'abolition de cette peine en matière politique. Depuis cette date, aucune disposition législative n'apporte de modifications concernant la peine de mort. Elle est édictée, aujourd'hui, pour les crimes dits de *sang*, c'est-à-dire, ceux dirigés contre la vie humaine.

Dans un cas particulier, nous la voyons prévue pour une contravention : c'est dans le cas de violation, même *non intentionnée*, de certaines prescriptions de police sanitaire édictées par la loi du 3 mai 1822 (art. 7, 9, 11).

En résumé, la législation française conserve la peine de mort pour l'homicide sous toutes ses formes :

(art. 233, 302, 303 304, 316, 344, 361, 434, 435, et 437, c. p. et art. 16 loi du 15 juillet 1845).

Le caractère d'une sévérité excessive, que nous avons remarqué en exposant l'historique des peines corporelles dans les anciennes législations de la Valachie et de la Moldavie, n'était pas particulier ou spécial seulement à ces deux pays ; on le retrouve et peut être à un degré encore plus élevé dans toutes les législations européennes de cette époque. Et si en Roumanie, les luttes et passions politiques ont souvent été la cause d'un grand nombre d'exécutions à mort, en Espagne, en Italie, en France et ailleurs, venaient se joindre de terribles persécutions religieuses dont le nombre des victimes et la cruauté des peines est effrayante.

Et même pour les délits de droit commun, les peines sont d'une cruauté qui ne le cède en rien à celle qu'on rencontre dans l'ancienne législation Roumaine.

En Angleterre par exemple, nous voyons, encore au commencement de notre siècle, la peine de mort appliquée pour des faits qui ailleurs n'entraînaient que quelques jours d'emprisonnement, ainsi : le vol d'une somme dépassant un schelling (1 fr. 25) entraînait la peine de mort. Sous le règne de Georges III, pendant le premier quart de notre siècle, à Tyburne presque chaque semaine on exécutait à mort par la pendaison, un individu pour le vol d'une brebis.

De sorte qu'un écrivain anglais de ce temps a pu,

à juste titre, dire que : « Nos lois sont écrites avec du sang ».

A partir du xixe siècle, des sentiments plus humanitaires commencent à traverser l'esprit des nations ; leur bienfait se manifeste dans toutes les institutions sociales et la législation pénale ne fut pas oubliée.

Il est vrai que les peines corporelles existent toujours et leur sévérité est toujours excessive, cependant leur champ d'application se rétrécit de plus en plus et la peine de mort est de plus en plus commuée.

En Moldavie et en Valachie le même phénomène se manifeste. La peine de mort si fréquente auparavant est dans de nombreux cas commuée en emprisonnement perpétuel, avec travail dans les salines.

En 1817, parut en Valachie et fut mis en vigueur le code Caradjea et en Moldavie à partir de 1826 le code Calimach ; la partie pénale de chacun de ces codes édicte la peine de mort et d'autres peines corporelles comme la fustigation et la bastonnade devant l'escalier du palais princier. Cette dernière peine s'exécutait de la façon suivante : le condamné était déshabillé jusqu'à la ceinture, on le couchait ensuite par terre sur une natte de jonc, qui pour les nobles (boyards) était couverte d'un drap rouge, et on lui appliquait sur la plante des pieds, le nombre de coups ordonnés par la sentence. La fustigation s'exécutait à l'aide des verges ; le condamné était promené par la ville ; à chaque carrefour on s'arrêtait, on lisait la sentence au peuple accouru, et on exécutait la peine. En Moldavie, pour la même peine, on employait, au lieu de verge, un fouet semblable au Knout russe.

Maintenant que j'ai sommairement exposé l'histoire des peines corporelles en général, et de la peine de mort d'une manière spéciale, il me reste à examiner encore cette dernière au point de vue plus important et actuel de *sa légitimité*, pour voir si elle réunit la double condition que toute peine doit satisfaire : 1° être *juste*, 2° être *nécessaire*.

1° *Condition*. — Nous savons qu'une peine est *juste* quand elle est à la fois *méritée*, c'est-à-dire appliquée au vrai coupable, et proportionnée et à la gravité du délit et à la culpabilité du délinquant. Ainsi envisagée, on pourrait logiquement soutenir : qu'un individu qui lâchement, sans pitié et avec préméditation, tue un de ses semblables, doit être châtié par la mort, car, dans cette hypothèse, elle est bien méritée et bien proportionnée à la gravité du méfait et à la perversité de l'agent.

2° *Condition*. — Une peine est *nécessaire*, quand elle constitue le seul moyen dont la société a le droit, suivant les principes qui lui servent de fondement, de se servir pour assurer et rétablir l'ordre social.

C'est justement et principalement à ce point de vue que la peine de mort a donné lieu aux discussions dont elle est l'objet. Ses partisans disent que la peine de mort est nécessaire, parce qu'elle seule est propre à garantir la conservation sociale et à rétablir l'ordre dans la société où l'infraction a été perpétrée ; et encore parce qu'elle seule est capable d'empêcher certains crimes de se commettre et surtout d'intimider certains malfaiteurs ; *ergo*, il serait imprudent de la supprimer.

Outre ces arguments, il faut voir les réponses que les partisans du maintien font aux objections invoquées par les abolitionistes.

Ainsi, au reproche que ces derniers font en prétendant que la peine de mort a le défaut capital d'être irréparable, en cas d'erreur, les autres répondent : mais son irréparabilité est la condition *sine qua non* de la sécurité absolue qu'on en attend et d'ailleurs c'est le caractère propre de toute peine.

Ils ajoutent que les erreurs judiciaires, qui font périr sur l'échafaud un innocent sont beaucoup moins nombreuses que celles commises par les médecins qui font mourir leurs patients.

Enfin que toutes les institutions humaines sont sujettes à des erreurs, et que cependant ce ne peut être une raison de les supprimer.

2° Que la peine de mort ne comporte pas de degrés, disent les antagonistes ; à cela on répond que, lorsqu'on transporte ou qu'on relègue dans les colonies, à perpétuité, la peine ne comporte pas non plus de degrés.

Cette objection, d'ailleurs disparaît en n'appliquant la peine de mort qu'aux criminels qui la méritent.

3° Quant à ce reproche que la peine de mort, par son exécution, sert de réclame aux criminels et a pour effet d'aiguillonner l'esprit d'imitation chez les candidats au crime, ou répond, et ici je suis du même avis, que ce qui agite les passions, ce sont les caractères particuliers du crime et non ceux de la peine qui frappe le criminel : telle infraction n'est commise par son agent que, parce qu'elle lui présente les caractères propres à satisfaire les passions qui le dominent et l'entraînent, et qu'il espère toujours échapper à la peine.

Je ne m'arrêterai pas à analyser ce qu'il y a de bien fondé dans les longs débats que la peine de mort a soulevés, mes forces ne me permettent pas de faire la critique des arguments que tant d'érudits ont formulés pour ou contre cette peine ; mais je vais exposer mon sentiment personnel. Je ferai de mon mieux pour le justifier en disant, dès à présent, que la peine de mort, pour les considérations que j'exposerai, n'est pas nécessaire, et par conséquent, ne doit plus figurer dans un système pénal, qui, pour être en harmonie avec le degré de civilisation actuelle et avec les mœurs adoucies par les sentiments humanitaires conformes, doit supprimer toute peine qui ne répond pas strictement à la double condition du *juste* et du *nécessaire* et de *l'utile*

i sert de fondement au droit social de punir. Si une

de ces conditions manque, la peine n'est plus justifiable; et si, en dépit de ce principe on la maintient, on retombe dans l'excès dont les funestes résultats nous sont assez connus pour nous imposer le devoir de ne plus les faire revivre. La peine de mort se trouve dans cette catégorie, parce qu'il lui manque une des conditions indiquées; non celle d'être juste, non, car elle est à la fois méritée et proportionnée à la gravité du crime et à la culpabilité de l'agent, par conséquent juste dans les hypothèses où nous la voyons édictée par les législations qui l'ont conservée. Mais ce n'est pas assez, disais-je, qu'elle soit seulement *juste*, il faut encore qu'elle soit *nécessaire*, c'est-à-dire qu'elle soit le seul moyen capable de garantir la sécurité sociale, de rétablir l'ordre que l'infraction a troublé, et, en même temps d'agir d'une manière exemplaire; en résumé, qu'elle ait un effet immédiat et un autre médiat, mais non moins important que le premier.

La peine de mort, on peut le soutenir avec succès, présente bien toutes ces qualités; mais elle n'est pas la seule les ayant, car on les retrouve dans une mesure encore plus satisfaisante, dans la peine d'emprisonnement perpétuel, avec soumission aux travaux forcés. J'espère pouvoir démontrer tout à l'heure le bien fondé de mon assertion. Je dirai d'abord que, même en supposant que les effets de l'emprisonnement ne soient pas plus efficaces que ceux de la peine de mort, il a toujours cette qualité supérieure d'être moins cruel; et

quand il s'agit de choisir entre deux peines de la même
catégorie, produisant des effets semblables mais dont
'une est plus humanitaire, l'équité nous impose d'op-
ter pour cette dernière. Mais même au point de vue de
l'efficacité, l'emprisonnement perpétuel est supérieur
à la peine de mort, et voici la justification de ce que
j'avance : 1° On dit d'abord que seule la peine de mort,
par sa gravité, peut inspirer une peur assez profonde
pour empêcher certains crimes, et surtout intimider
certains malfaiteurs. Or cette affirmation demande à
être justifiée ; pour voir si elle l'est, nous allons entrer dans un examen psychologique et rechercher : 1°
s'il est vrai que la peur de la peine de mort peut
inspirer est plus forte que la passion qui pousse l'individu à commettre tel crime ? Je crois que le contraire
peut facilement être démontré, et cela à l'aide de données toutes naturelles : la peur d'une mort éloignée,
voire même incertaine à cause de circonstances sur lesquelles tous les malfaiteurs comptent quand ils prennent
la résolution criminelle, est certainement moins forte
que la passion qui domine et entraîne au mal, comme
par exemple : la jalousie, l'amour, la vengeance, la cu-
pidité, etc. La preuve nous en est malheureusement
fournie tous les jours.

Il est généralement vrai, qu'au moment où l'accusé
se trouve devant ses juges et sur le point d'être condamné, la perspective d'encourir la peine de mort lui
inspire une peur plus grande que la peine des travaux

forcés à perpétuité. Ce qui confirme cela, ce sont les
efforts désespérés qu'on voit faire à l'accusé pour éviter
la peine de mort et obtenir des juges d'être condamné aux travaux forcés. Mais, je le répète, au moment
de la détermination criminelle, la peur de la mort ne
joue qu'un faible rôle. Que seulement l'occasion se
présente à un criminel de profession, pour qui le crime
constitue, si je peux m'exprimer ainsi, les moyens
d'existence, et son premier souci ne sera certainement pas celui de la peine, mais celui de bien com-
biner le coup à faire. Quant à la peine ? on verra...
qui sait ! Je m'échapperai, et si je suis pincé, nous tâ-
cherons d'obtenir une atténuation. Voilà les réflexions
qu'il fait à propos du châtiment.

La peine se présente d'abord comme une menace
d'un mal éventuel ; cette éventualité, plus ou moins
éloignée, d'une mort prématurée, est, par elle-même,
d'un poids bien léger dans la balance d'une détermination criminelle pour celui qui a embrassé le triste métier du crime, de même que pour d'autres, qui exercent
une profession pleine de dangers imminents, ne recu-
lent pas non plus devant l'image de la mort. Seulement
ici, c'est le salaire qui est en rapport direct avec l'intensité du danger et qui tente le travailleur honnête de
braver le péril ; chez le criminel, le danger consiste
dans la peine, qui est en rapport direct avec la gravité
du délit ; et c'est le profit du crime, ou la satisfaction

de ses passions qui le pousse et le détermine à affron-
ter le danger, c'est-à-dire la peine.

Voilà, au point de vue de la peur, les effets que la
peine de mort produit généralement.

La conclusion est, qu'il ne faut pas l'apprécier d'après
l'impression qu'elle produit sur le criminel, au mo
ment où il se trouve en face de l'échafaud.

2° On attribue à la peine de mort un autre effet, très
salutaire et nécessaire à l'intérêt de la société : c'est
son exemplarité ; c'est-à-dire, que par l'impression
profonde que son exécution produit sur le peuple et
notamment sur les individus que les mauvais instincts
rendent susceptibles de tomber dans le crime et par
conséquent d'encourir cette peine, l'appareil effrayant
de l'exécution, agit d'une manière efficace sur leur imagination, en les détournant de la mauvaise voie, par la
terreur.

Que le mode d'exécution de cette peine soit de nature à inspirer une frayeur plus grande que celle de
l'emprisonnement à vie et d'impressionner plus profondément la foule, nul n'y contredit. Mais il est
encore plus vrai que cette frayeur est de beaucoup
atténuée, sinon annulée dans la majorité des cas. En
effet, il n'y a qu'à lire les comptes-rendus sur les exécutions capitales pour voir que « le condamné a
montré jusqu'au dernier moment le plus grand courage et presqu'un vrai mépris de la mort ». Le courage et le mépris devant une mort imminente,

sont des vertus que la foule admire, même lorsqu'elles
se retrouvent chez un scélérat. En ce cas quelle impression les spectateurs emporteront-ils d'une exécution ? Le sang et les dernières convulsions du suppli-
cié les ont fait trembler de terreur, il est vrai, mais
dans le souvenir de cette impression viendra se mêler
celui du grand courage et du mépris que le condamné
a montré. L'exemple du mépris diminuera la peur que
cette peine doit produire ; le courage fera cesser le
sentiment d'aversion et de répugnance qu'un malfaiteur doit inspirer. En résumé donc, les résultats sont
presque toujours contraires à ceux qui sont attendus :
au lieu de faire naître des réflexions morales et d'inspirer une peur bienfaisante, laissant une impression
persistante, le drame de l'exécution ne produit qu'un
résultat éphémère, promptement effacé par des réflexions
d'une nature bien opposée à celles qui pourraient arrêter un esprit exalté et dominé par de mauvaises passions.

Tout autres et bien préférables sont les effets produits par l'emprisonnement perpétuel avec assujettissement aux travaux forcés. Lepelletier de Saint-Fargeau, dans son rapport à la Convention, est assez élo-
quent, pour que je me contente de reproduire un pas-
sage se rattachant à notre sujet : « La peine de mort,
dit-il « ne présente à la multitude que le spectacle d'un
moment. Celle que nous proposons prolonge et perpé-
tue une salutaire instruction : tout dissipe et distrait cette

foule de citoyens oisifs, qu'attire à une exécution le mouvement de la curiosité : on ne visite pas un cachot sans un pénible recueillement. Et si un exemple frappant peut rendre sensible cette théorie, supposons qu'un ministre prévaricateur ait osé attenter à la constitution et à la liberté ; s'il est frappé du glaive, l'effet de son supplice sera passager : que pendant vingt années, chaque mois, le peuple le voie dans les fers, il bénira la puissance protectrice des lois et l'exemple vivra efficacement avec le coupable (1).

Je n'ajouterai plus rien : l'exemple cité plus haut démontre d'une façon péremptoire la supériorité de cette peine sur celle de mort.

Si nous recherchons maintenant quels sont les résultats obtenus par l'abolition de la peine de mort, les statistiques du pays qui l'ont supprimée, nous montrent que, s'ils ne s'en trouvent pas mieux, ils ne sont pas plus mal, et c'est d'après moi, déjà, un argument qui milite en faveur de l'abolition.

En Roumanie, par exemple, bien que le chiffre des crimes, punis de mort auparavant, ait augmenté, mais en rapport avec l'augmentation de la population, le résultat est plutôt satisfaisant, surtout si on veut considérer que, dans notre pays, le gros de l'armée des criminels, est fourni par la population étrangère

1. *Monit. Univ.*, n° 152-1791, page 630.

qui chaque année s'accroit considérablement, et spécialement par des Grecs et des Hongrois.

En France, où la peine de mort est maintenue, si on peut remarquer un état stationnaire ou même une diminution dans le nombre des grand crimes, ce résultat, j'estime qu'il faut l'attribuer aux mesures pénales éliminatoires comme la déportation et la rélégation des malfaiteurs les plus dangereux, et non à l'influence de la peine de mort.

3° En faveur de cette peine, on dit encore qu'elle est le seul moyen *infaillible* de débarrasser à jamais la société d'un criminel incorrigible, toujours dangereux pour la tranquillité publique tant qu'il vit encore. Cette objection serait bien forte si on n'avait à lui opposer cette autre : le pouvoir social n'a qu'à organiser des mesures propres pour faire échouer toute tentative d'évasion. Car, si la société, dans l'intérêt de son instruction, établit des jardins zoologiques remplis de bêtes féroces qui, en s'échappant, présentent un danger des plus imminents pour la vie des hommes, elle a dû en même temps prendre des mesures nécessaires pour empêcher l'évasion de ces animaux ; la même obligation lui incombe à l'égard de la bête humaine si elle se rend dangereuse pour la sûreté générale.

B. — *Des peines privatives de liberté.*

Sous cette rubrique je n'entends envisager la privation de la liberté que comme mesure exclusivement
pénale et comme suite d'une condamnation, pour un
fait prévu et puni par la loi pénale. Ainsi, je ne m'occuperai ni de certaines incarcérations autorisées par
la loi civile ou par des dispositions administratives, ni
des incarcérations qui, bien qu'autorisées et organisées
par des lois pénales, n'ont pas le caractère d'une peine, mais constituent soit des mesures préventives pour
assurer le cours régulier de la justice, avant la condamnation ayant un caractère provisoire, soit des mesures de correction ou d'éducation prises à l'égard
d'une certaine catégorie de délinquants ayant agi sans
discernement, mesures qui sont nécessaires, tant dans
l'intérêt de leur amendement que dans l'intérêt de la
sûreté publique.

C'est donc de la privation de liberté répressive que
je m'occuperai ici.

La peine privative de liberté figure dans toutes les
législations des nations civilisées et constitue le châtiment par excellence pour la répression des infractions.
Mais, elle prend des formes très variées suivant le
régime de son exécution, ce qui constitue le problème
pénitentiaire dont l'étude appartient à la seconde partie de notre thèse ; ensuite elle se divise en plusieurs

catégories suivant la gravité du délit qu'elle doit réprimer.

A ce point de vue, la législation roumaine, comme la législation française, a classifié la peine privative de liberté, d'une manière correspondant à la classification admise pour les infractions suivant leur gravité, savoir :

a) — *criminelles*.

b) — *correctionnelles*.

c) — *de police*.

Mais entre ces deux législations, s'il existe une analogie quant à cette classification, il y a une grande différence quant au nombre et quant à l'espèce de ces peines.

a). — *Pe ines privatives de liberté, criminelles*. — Dans cett e catégorie, le code pénal roumain prévoit quatre espèces : 1° les travaux forcés à perpétuité ; 2° les travaux forcés à temps (de 5 à 20 ans) ; 3° la réclusion dans une maison de travail (de 5 à 10 ans) ; 4° la détention (de 3 à 10 ans). (Art. 7, c. p. r.),

Le code pénal français, outre ces quatre peines, en matière criminelle, édicte encore les suivantes : la déportation peine perpétuelle, (dans une enceinte fortifiée ou simple) et la rélégation (celle-ci commune en matière criminelle et correctionnelle) De même en ce qui concerne la détention, nous avons vu que, d'après le code roumain, sa durée est de 3 à 10 ans, tandis qu'elle est de 5 à 10 ans d'après la loi française.

En dehors de cette différence et de la différence quant

au nombre, il y a à en signaler un autre quant au lieu d'exécution. Ainsi, la Roumanie, n'ayant pas de colonies, toutes les peines s'exécutent sur le territoire du pays, tandis que, d'après la loi française, presque toutes ces peines, sauf la détention et la réclusion, sont exécutées en dehors du territoire continental de la France.

Une autre différence, très importante, est à noter au point de vue du caractère déshonorant attaché législativement à la peine, que le code roumain ne distingue pas, comme le fait l'art. 6 du code pénal français, qui divise les peines criminelles en afflictives et infamantes, et simplement infamantes.

Cette distinction a disparu aussi, mais plus tard, en 1867 du code pénal belge, comme de tous les codes récemment édictés.

J'ai déjà exposé, dans le paragraphe V°, les défauts que présente cette note d'infamie, attachée aux peines. (d'être ou inutile ou injuste).

b). — *Peines privatives de liberté en matière correctionnelle.* — Le code pénal roumain ne prévoit dans cette classe qu'une seule peine, c'est l'emprisonnement de 16 jours à cinq ans (art. 8 c. p. r.) avec soumission au travail (art. 24).

D'après le code pénal français, cette peine ne diffère que quant à son minimum qui est ici de six jours (art. 9 et 40).

c). — *Peines privatives de liberté en matière de police.* — L'art. 9 du code pénal roumain, en cette matière, prévoit une peine d'emprisonnement d'un à quinze jours.

D'après le code pénal français la même peine est d'un à cinq jours (art. 465).

Par cet exposé comparatif, j'ai rendu un compte exact de la différence qui existe entre les deux légi s lations, aux divers points de vue du nombre, de la durée, du lieu d'exécution et du caractère, des peines privatives de liberté. Mais l'énumération, d'après le code pénal français, n'est pas complète, car en dehors de ces peines qui se trouvent aussi dans le système roumain, le système français en édicte encore deux qui, elles aussi, affectent la liberté du condamné, mais dans une moindre mesure que les susdites, et que, pour cela, en doctrine, on les appelle, non privatives de liberté, mais restrictives de liberté.

Ce sont : 1° le bannissement (sorte d'exil) de cinq à dix ans, (art. 8. c. p. fr). Cette peine est toujours principale.

2° l'interdiction de séjour, avec un maximum de vingt ans (art. 8. c. p. fr. et L. 27 mai 1885, art. 9). Le minimum général n'étant pas fixé, en pratique il est de deux ans.

Cette dernière peine est commune tant en matière criminelle qu'en matière correctionnelle, et revêt le caractère, soit de peine principale, soit accessoire, soit complémentaire.

Il faut encore ajouter, *l'interdiction spéciale de cer-*

tains séjours, par exemple celle édictée par l'art 228.
c. p. fr.

En résumant l'exposé fait, nous voyons que dans l'arsenal des peines, celle privative de liberté est la plus usitée. C'est elle, en effet, qui a été préférée comme moyen de répression d'un grand nombre d'infractions qui, auparavant, étaient punies par des peines corporelles ; cette préférence que les principes de civilisation et d'humanité ont imposée aux législateurs, a été et est d'ailleurs couronnée par des succès, plus ou moins satisfaisants, suivant que le problème soulevé par le mode de leur exécution, c'est-à-dire l'organisation pénitentiaire, a été plus ou moins heureusement résolue, car de là dépend tout succès pour arriver au but que la pénalité poursuit : rétablir l'ordre social troublé, garantir, pour l'avenir, le maintien de la paix publique.

L'examen de ce problème, je le ferai plus loin, ici je me bornerai à étudier maintenant, chacune des peines citées plus haut, en les envisageant aux points de vue suivants : 1° de la gravité du châtiment qu'elle inflige au condamné ;

2° voir, si, ainsi qu'elle est édictée par la loi pénale, elle est équitablement proportionnée, dans chaque classe d'infractions, suivant le principe du juste et de l'utilité sociale.

1° Les peines privatives de liberté, envisagées au point de vue du châtiment qu'elles infligent au condamné.

En matière criminelle.

a. — Au premier rang de l'échelle de ces peines se place celle des travaux forcés à perpétuité. Elle figure dans la généralité des législations pénales.

La première question que j'examinerai, c'est celle qui se pose relativement au caractère de la perpétuité de la peine privative de liberté, c'est-à-dire si cette perpétuité doit lui être conservée dans un système pénal rationnel.

Voici les objections qu'on y apporte :

On dit que les condamnés à perpétuité sont rayés du nombre des vivants ; qu'ils perdent tout espoir de revenir dans le monde, ce qui rend cette peine semblable à la peine de mort, sans être aussi efficace que celle-ci l'est par son exemplarité. En outre, que le condamné n'ayant plus à espérer de pouvoir jamais regagner sa place dans le sein de la société, tout espoir de l'amender, de le faire revenir à de bons sentiments est détruit ; et l'effet est par conséquent d'amener la dégradation complète d'un individu qui peut-être était susceptible de correction. On ajoute encore que, la perpétuité est d'une flagrante inégalité suivant l'âge du condamné.

Tout cela est vrai, et si les effets signalés n'étaient pas susceptibles d'une atténuation quelconque, évidemment les objections invoquées devraient suffire pour justifier la suppression de la perpétuité; mais voilà le remède : une application sage et tempérée par la mesure de la *grâce*. Cette dernière institution, indispensable pour les législations qui admettent la perpétuité, apparaît comme un rayon d'espérance à la liberté, dont la réalisation dépend de la volonté du condamné, et constitue le plus puissant stimulant pour obtenir son amendement.

La grâce a, en même temps, pour effet de remédier à l'inégalité que la différence de l'âge peut produire.

Je conclus donc à l'utilité des peines perpétuelles, d'autant plus nécessaires à conserver dans une législation qui a supprimé la peine de mort qu'elles viennent la remplacer; et aussi dans les législations qui ont conservé la peine de mort, parce qu'elles servent de transition utile entre cette dernière et les peines temporaires, pour les crimes qui ne méritent pas la peine capitale, mais pour lesquels les peines temporaires seraient trop anodines.

La peine de travaux forcés à perpétuité occupe le premier degré sur l'échelle du système pénal roumain ; voilà, d'après l'article 10 du code pénal, en quoi elle consiste : « le travail forcé sera fait dans les mines de l'Etat ou dans les établissements pénitentiaires. Ceux condamnés à pareille peine seront soumis à un régime sévère. Jusqu'à l'organisation du système pénitentiaire, les condamnés seront employés aux travaux les plus durs dans l'intérieur des mines, ou, en dehors des mines, pour les travaux d'utilité publique.

Ils seront mis en chaînes.

Ceux qui travaillent dans les mines, pendant la nuit, seront remontés et enfermés dans la prison les pieds enchaînés.

Quant aux femmes, l'art. 2, code pénal dit qu'elles seront enfermées dans des établissements distincts et soumises aux travaux compatibles avec leur âge et sexe, et à un régime sévère.

L'art. 12 c. p. dispose que les condamnés, des deux sexes, aux travaux perpétuels seront séparés de ceux condamnés aux travaux à temps, et que leur costume sera aussi distinct. Cette disposition n'est point observée en pratique.

Enfin l'art. 14 Code pénal s'occupe des vieillards, et dispose que la peine de travaux forcés ne sera pas prononcée contre ceux qui, à la date de la sentence définitive, auront accompli l'âge de 60 ans. Cette peine sera remplacée alors par celle de la réclusion pour un temps égal.

La déchéance que cette peine entraîne pour le condamné est que, durant l'exécution, il sera incapable d'administrer son patrimoine et de disposer de ses biens par acte entre vifs. Il lui sera nommé un curateur chargé de l'administration de son patrimoine. A l'expiration de la peine, ses biens lui seront restitués et le curateur lui rendra compte de son administration.

Qu'aucune part de ses biens ou de leurs revenus ne pourra lui-être donnée pendant l'exécution.

Enfin, que cette peine entraîne aussi la dégradation civique *durant l'exécution de la peine principale.* (art 13 c. p. r.)

La peine des travaux forcés a existé en Roumanie depuis les temps les plus reculés. Elle était connue, dans l'ancienne législation, sous le nom de « la peine de la saline » parce que le condamné était envoyé dans les mines de sel jusqu'à la fin de ses jours. Pendant la nuit il restait toujours dans la saline et couchait dans les galeries abandonnées sur une botte de paille ou de jonc.

Sa nourriture se composait en grande partie de ce que la charité publique pouvait lui procurer.

Il est à noter, que, jusque vers la fin du siècle dernier, le nombre des condamnés à cette peine était insignifiant, car, presque toujours, la peine de mort et les autres peines corporelles étaient préférées. L'emprisonnement était, le plus souvent, le prélude de la peine de mort. Quand on parlait de ceux jetés dans les prisons, on les considérait déjà comme perdus.

Au xviiiᵉ siècle, nous voyons la peine de la saline plus fréquemment appliquée : ainsi celui qui pour la seconde fois était pris à voler sur les grands chemins, était envoyé à la peine de la saline » (1).

1. V. A. Urechic. *Histoire Roumaine.*

De même, les bouchers et les boulangers, qui étaient surpris à tricher sur le poids, étaient, après avoir subi la peine de la bastonnade sur la plante des pieds, envoyés à la saline (1).

Le commencement du XIX⁰ siècle se signale par une semblable recrudescence des peines corporelles, qu'on remplaça par celle des travaux forcés dans les salines et autres travaux publics comme : constructions de prisons, de canaux, des voies publiques, etc.

A partir de l'an 1823, en Valachie, tous les crimes qui, jusque-là étaient punis de mort, furent désormais punis des travaux forcés perpétuels dans les salines. Le code pénal de 1864 a systématiquement organisé le mode d'exécution de cette peine, ainsi que je l'ai dit plus haut.

En France, de même, cette peine existait dans l'ancien droit sous le nom de peine des galères, devenue plus tard, dans le code pénal de 1791, la peine des fers.

Toujours elle a consisté dans la *soumission du condamné* à des travaux publics pénibles et exécutés en dehors de la prison.

Sous le code de 1810, on distinguait trois catégories des condamnés aux travaux forcés :

1° Les hommes subissaient leur peine comme par le passé, dans les bagnes ; on les employait aux

1. *Ibidem.*

travaux les plus pénibles, et exécutés en dehors, ils trainaient à leurs pieds un boulet, ou étaient attachés deux à deux avec une chaîne (art. 15 c. p. fr.)

2° Les femmes étaient soumises à des travaux plus en rapport avec la faiblesse de leur sexe, employées dans une maison de force et en commun avec les femmes condamnées à la réclusion (art. 16 c. p. fr.)

3° Par l'article 70, 71, le code pénal dispose enfin que, pour les vieillards qui, au moment du jugement étaient âgés de 70 ans, la peine de travaux forcés serait remplacée par celle de réclusion. Ceux condamnés aux travaux forcés, dès qu'ils avaient atteint l'âge de 70 ans accomplis, en étaient relevés et enfermés dans une maison de force.

Les protestations contre le régime du bagne amenèrent le législateur à lui substituer, par la loi du 30 mai 1854, celui de la transportation.

J'exposerai, dans la partie spéciale de ma thèse, l'organisation de ce dernier régime et l'utilité qu'il présente.

La peine de travaux forcés à perpétuité, d'après le code français, emporte de plein droit la dégradation civique à perpétuité, de sorte que celle-ci subsiste même dans le cas où le condamné a été libéré à la suite d'une mesure gracieuse.

J'ai montré la différence qui existe sur ce point dans la législation roumaine. Une autre déchéance, que cette peine entraîne encore, toujours de plein droit et perpétuelle, et que le code roumain a supprimé, est la double incapacité de disposer et de recevoir à titre gratuit, donation ou testament, autrement qu'à titre d'aliments. Enfin l'interdiction légale durant la peine est aussi et de droit encourue ; sur ce point la législation roumaine est semblable.

b. — Une autre peine privative de liberté perpétuelle, qui n'existe pas dans le système pénal roumain, est celle de la déportation. Elle est édictée par l'article 7 du code de 1810 et l'article 17 organise son mode d'exécution.

La peine de la déportation dont le caractère est d'être afflictive et infamante, est applicable aux crimes politiques, ce qui résulte non d'une disposition expresse de la loi pénale, mais de son ensemble.

Jusqu'en 1848, quand la peine de mort fut abolie en matière politique, la déportation constituait le second degré de l'échelle des peines appliquées à ces crimes. Désormais, il était nécessaire de réorganiser cette échelle. Et dans ce but la loi du 8 juin 1850 créa, pour remplacer la peine de mort, la déportation dans une enceinte fortifiée, et l'ancienne déportation de l'art. 7 code pénal fut (1), par opposition qualifiée de déportation simple.

Entre ces deux espèces, il n'existe point de différence, ni quant à la durée, étant toutes les deux per-

---

1. Cet article a été modifié par la loi de 1835.

pétuelles, ni quant à leur caractère, étant toutes les deux affictives et infamantes ; la seule à signaler est celle relative au régime qui dans la déportation dans une enceinte, est plus resserré.

Les déchéances des droits que ces deux peines entraînent, sont les mêmes que celles attachées à la peine de travaux forcés à perpétuité.

c. — *La relégation.*

Parmi les peines perpétuelles qui affectent la liberté physique du condamné, se trouve aussi la relégation, qui n'existe pas dans le système pénal roumain, mais elle diffère des autres et par son *caractère* et par son *but spécial*.

Ainsi, quant au premier point de vue, cette mesure pénale est commune tant en matière criminelle qu'en matière correctionnelle ; ensuite elle constitue une peine *complémentaire* et *obligatoire* : 1° complémentaire en ce double sens, qu'elle doit être prononcée pour être encourue, qu'elle n'est jamais encourue seule, mais, toujours, elle se rattache à une série de condamnations qui lui servent de fondement. 2° obligatoire en ce sens que, le juge ne peut se dispenser de la prononcer du moment que le coupable se trouve dans la situation prévue par la loi.

Au point de vue de son *but*, le législateur français en l'édictant par la loi du 27 mai 1885, a organisé par là une des mesures les plus propres pour réaliser une diminution de la récidive, dont la principale cause est sans contredit, la présence au sein de la société de individus incorrigés par les condamnations répétées qui les ont déjà frappés et qui sont les plus dangereux apôtres pour la propagation du crime et les plus funestes racoleurs de l'armée des criminels.

Pour ma part, je le déclare avec ferme conviction; cette mesure constitue le plus excellent moyen pour atteindre le but de sa destination. C'est avec un vif regret que je dois constater l'impossibilité *momentanée* pour notre pays de pouvoir organiser ce même moyen éliminatoire, qui serait encore plus efficace pour la Roumanie dont la population est tellement habituée à ne pas passer la frontière, qu'une pareille mesure serait une véritable terreur bienfaisante et propre à détourner, beaucoup de malfaiteurs, de la mauvaise voie, dans la crainte d'encourir cette peine. Par ce moyen nous aurions une grande diminution de la criminalité, surtout par rapport aux infractions qui entraînent des peines correctionnelles qui constituent la majorité des condamnations. Ainsi, en observant la statistique pour une période de cinq ans (moyenne annuelle) de 1893 à 1897, nous voyons le chiffre de 4895 condamnés à des peines correctionnelles, en face de 1075 condamnés à des peines criminelles; donc dans une proportion de presque cinq fois plus grande.

Dans le premier cas, nous avons comme moyenne annuelle, un nombre de 150 à 160 récidivistes.

J'ai dit que cette mesure serait un moyen efficace pour enrayer surtout la petite récidive, car j'ai soutenu, et je persiste à soutenir que pour le grand criminel, la peur d'une peine plus ou moins forte n'est pas, généralement, un moyen assez puissant pour détourner sa résolution criminelle. Mais, même dans la mesure indiquée, le résultat en perspective est assez satisfaisant, pour imposer à un gouvernement, soucieux de la paix publique, le devoir de faire tout le possible pour organiser cette mesure.

Et l'impossibilité pour notre pays, malgré qu'il n'ait pas de colonies, n'est cependant pas insurmontable. Car, je ne vois pas pourquoi notre gouvernement ne pourrait obtenir, qu'une puissance coloniale quelconque, la France par exemple, lui accorde l'autorisation d'envoyer ses relégués dans l'une des colonies désignées à cette fin? Si on objecte que de grands frais seront occasionnés par cette mesure, on répondra d'abord et péremptoirement que, pour le pouvoir social, une pareille excuse serait un subterfuge, car du moment qu'il s'agit d'assurer la paix publique, aucun sacrifice n'est trop grand ; et puis, en réalité il y aurait des moyens pour réduire de beaucoup les dépenses que l'apparence fait croire comme nécessaires ; car les frais de transport seront sans doute inférieurs par rapport aux dépenses imposées au trésor public pour l'entretien de ces récidivistes dans les prisons du pays.

Quant aux frais d'entretien et de surveillance dans la colonie, la puissance cédante, se remboursera avec le produit du travail des relégués.

J'ai fini avec les peines privatives des libertés perpétuelles ; je passe donc à l'examen de celles temporaires, toujours *en matière criminelle*.

Le code pénal roumain édicte trois peines qui rentrent dans cette catégorie, savoir : a) les travaux forcés de 5 à 20 ans; b) la réclusion de 5 à 10 ans, et c) la détention de 3 à 10 ans.

a). — La peine des travaux forcés à temps ne diffère de celle à perpétuité que par sa durée; le régime et le lieu d'exécution sont les mêmes quoique l'art. 12 c. p. r. dispose que les condamnés à l'une de ces peines seront séparés de ceux condamnés à l'autre et que leur costume sera aussi différent ; mais, j'ai dit déjà, qu'en pratique, cette disposition n'est pas observée.

D'après la loi française, outre la différence signalée plus haut, il y a encore à noter celle relative quant aux déchéances. Ainsi, la double incapacité de disposer et recevoir, n'est pas encourue par la peine de travaux forcés à temps.

b). — La réclusion.

D'après l'art. 15 c. p. r. le condamné à réclusion sera renfermé dans une maison de travail spécialement destinée pour cela.

Le travail est obligatoire (art. 17 c. p. r.), la dégradation civique accompagne cette peine, et toutes les autres déchéances, que la peine de travaux forcés entraîne sont encourues aussi par la réclusion ; la seule différence, à ce point de vue est, que pendant l'exécution de la peine, le juge *pourra*, par décision motivée et expresse, accorder au condamné qu'il lui sera donné une petite part déterminée de ses revenus, dont il pourrait adoucir son existence, *si sa conduite justifie cette faveur* (art. 16 c. p. r.).

Comparée avec le code pénal français, la réclusion ne diffère ni quant au régime de son exécution, ni quant à la durée, qui sont les mêmes ; la différence n'existe que dans la dégradation qu'elle entraîne et qui, en législation française est perpétuelle de sorte que les déchéances dont elle se compose persistent, et pour toujours, même après l'exécution de la peine principale de la réclusion, alors que, d'après le code pénal roumain, elle est encourue seulement pendant la durée de la peine.

c. — *La détention.*

Sur l'échelle des peines criminelles, d'après le code pénal roumain, la détention occupe le dernier échelon ; sa durée est de trois à dix ans. Relativement au régime de son exécution, l'article 20 dispose que les condamnés à cette peine, seront renfermés dans un des *monastères* destinés à cet effet ; ils seront libres de communiquer tant avec les personnes de l'intérieur, qu'avec toutes autres du dehors, pendant le temps et conformément au règlement de police approuvé par décret du Souverain.

Les condamnés ne sont pas obligés de porter le costume des prisons; ils pourront, avec leurs propres moyens, se procurer tout espèce de confort dans leur séjour, et la nourriture, compatible avec le régime de la prison. Ils ne sont soumis à aucune sorte de travail.

Je dois expliquer ici que le mot *monastère* que notre article emploie, n'a plus de raison d'y figurer depuis longtemps déjà; c'est une réminiscence de l'ancien droit : nous voyons en effet, déjà au xvᵉ siècle, sous le second règne du prince Vlad Voïvode (1457), ce souverain faire bâtir un monastère (1) appelé Snagovou, où il envoyait les condamnés politiques. D'autres monastères servaient aussi pour l'emprisonnement des condamnés de droit commun, et encore sous le règne du prince souverain Barbou. D. Stirbey de Valachie (1849-1856) le monastère Arnota, était destiné à l'emprisonnement des boyards condamnés à une sorte de bannissement « pour avoir troublé la paix du souverain ». Cette peine, la détention, qui n'entraîne aucune déchéance, et qui par son régime d'exécution si indulgent, diffère de toutes les autres peines, nous laisse comprendre, car le législa-

1. Ce genre de bâtiment était en général construit dans des positions stratégiques et fortifiées.

teur ne le dit pas explicitement, qu'elle est destinée à réprimer particulièrement les crimes politiques.

En France, la détention a été ajoutée au nombre des peines légales, par la loi de 1832. Le mode d'exécution, sa destination particulière de servir à la répression des crimes politiques, nous démontrent que le législateur roumain l'a copiée sur la législation française ; la différence cependant est sensible, car elle existe, et quant à la durée qui d'après le code pénal français est de cinq à vingt ans (art. 7, 20), et quant aux déchéances des droits. Car d'après le code français, elle entre dans la catégorie des peines afflictives et infamantes, et par conséquent entraîne, *ipso jure*, la dégradation civique perpétuelle, et l'interdiction pendant la durée de la peine, alors que la loi roumaine, je l'ai dit, ne lui attache aucune déchéance.

Je ne crois pas que le législateur roumain, en supprimant toutes ces déchéances, a réalisé par là un progrès, car la peine de détention, ainsi qu'il résulte de l'ensemble du code pénal, est édictée spécialement pour les crimes contre la sûreté extérieure et intérieure de l'Etat ; contre l'exercice des droits politiques, etc., (art. 70, 80, 96, etc. c. p. r).

Or, les individus coupables de pareils crimes, qui souvent peuvent être la cause de désastres nationaux, ne méritent certainement pas, en général, d'être traités avec plus d'indulgence que les criminels ordinaires.

d. — *Le bannissement*.

Cette peine qui n'existe pas dans le système péna-roumain est édictée par le code pénal français (art. 8). Le mode de son exécution et sa durée, qui est de cinq à dix ans, sont déterminés par les art. 32 et 38 c. p.

D'après les textes cités, elle consiste dans une expulsion hors du territoire français, et ne comporte qu'un simple exil, pendant lequel le banni n'est pas frappé de l'interdiction légale, mais encourt de droit la dégradation civique perpétuelle (art. 28, c. p.).

Quant à sa nature, le bannissement est une peine principale et fait partie de la catégorie des peines simplement infamantes, et il est spécialement réservé aux crimes politiques.

Le jugement qui la prononce est soumis aux formalités édictées par l'article 36 Code-procédure (la publicité en extrait).

D'après le code de 1810, la rupture du ban était punie de la déportation ; ce châtiment paraissant justement excessif, la loi de 1832 le remplace par une détention pour une durée *au moins* égale au temps qui restait à courir jusqu'à l'expiration de la peine du bannissement et l'article 34 de cette loi nous dit, que le temps de la détention pourra même être doublé.

e). — La dernière peine temporaire, restrictive de liberté, en matière criminelle, mais applicable aussi en matière correctionnelle, est l'*interdiction de séjour*. Ce châtiment constitue, quant à son but, moins une peine qu'une mesure préventive à l'effet d'empêcher la récidive; car elle s'applique aux individus ayant déjà subi leur peine. Mais même avec ce caractère subsidiaire, cette mesure est tout de même une peine, car elle doit être prononcée par un jugement; aussi l'article 50 code pénal français nous dit, qu'elle ne peut être prononcée que dans les cas formellement autorisés par la loi. Le régime de l'interdiction de séjour est organisé par la loi du 29 mai 1885, pour remplacer la peine de renvoi sous la surveillance de la haute police, édictée déjà par le code-pénal de 1810 dans l'article 44, modifiée plusieurs fois et finalement par la loi du 23 février 1874, qui contenait le dernier état de législation sur la surveillance jusqu'à son remplacement par l'interdiction de séjour. Elle consiste, d'après l'article 19 § 2 de la loi de 1885: « dans la défense faite au condamné de paraître dans les lieux dont l'interdiction lui est signifiée par le gouvernement, avant sa libération. Toutes les autres obligations et formalités imposées par l'article 44 Code pénal sont supprimées à partir de la promulgation de la présente loi, sans qu'il soit, toutefois, dérogé aux *dispositions* de l'article 635 du Code d'instruction criminelle ». Ces dispositions sont celles en vertu desquelles le gouvernement est autorisé à assigner au condamné un domicile spécial.

Comme sanction de la contravention aux dispositions de la loi, nous voyons l'article 45 c. p. prescrire une peine d'emprisonnement correctionnel *qui ne pourra excéder* cinq ans. Cet article et les suivants restent en vigueur, les dispositions qu'ils contiennent déterminent le *caractère* et la *durée* de cette peine. Au premier point de vue, l'interdiction de séjour figure, dans le système pénal français, avec le caractère de peine ou : a.) accessoire, ou b.)complémentaire, ou c.) principale.

a. — Accessoire, cette peine frappe de plein droit les condamnés : aux travaux forcés à temps, à la détention, et à la réclusion, pendant une durée de vingt ans au maximum, qui commence à courir à l'expiration de la peine principale (art. 46 § 3 c. p.). Elle frappe aussi le condamné au bannissement pendant un temps égal à la peine subie (art. 47 § 1er c. p.). Cependant, nous voyons le § 3 de l'art. 46 et le § 1er de l'art. 47 cité, contenir des dispositions qui laissent au juge la faculté de réduire la durée de l'interdiction, ou même d'exempter complètement le condamné. Et pour que le juge n'oublie pas cette faculté que la loi lui accorde, le § 2 de l'art. 47 l'oblige, dans les cas où le jugement ne contient pas de dispense ou de réduction, à faire mention, à peine de nullité, qu'il en a été délibéré. Il résulte donc que, cette peine, bien qu'accessoire, c'est-à-dire encourue de plein droit, (caractère inhérent à toutes peines accessoires) est cependant déclarée facultative par la loi.

b). — Comme peine complémentaire, l'interdiction de séjour est édictée par l'art. 49 c. p. qui dispose que les condamnés pour crimes ou délits intéressant la sûreté intérieure ou extérieure de l'Etat, devront être envoyés en surveillance, aujourd'hui en interdiction de séjour. Nous voyons donc ici cette peine dépendre non de la nature de la peine principale, mais de la nature de l'infraction.

Elle doit être expressément prononcée par sentence de condamnation, de sorte que son omission profiterait au condamné.

Avec le même caractère, complémentaire, la surveillance, donc l'interdiction de séjour, fonctionne encore dans d'autres cas assez nombreux, soit d'une manière *obligatoire* soit *falcultative* pour le juge qui prononce une peine correctionnelle. *Obligatoire*, nous la voyons édictée par l'art. 271 c. p. pour un temps de cinq à dix ans comme mesure contre le vagabondage.

Facultative, elle est édictée par les articles 57 et 58 c. p. pour récidive de crime sur crime, ou de délit sur même délit, ou de crime sur délit punis d'emprisonnement ; par l'art. 246 c. p. contre celui qui a favorisé une évasion ; par l'art. 305 c. p. en cas de condamnation pour menaces (loi du 13 mars 1863) etc.

c). — L'interdiction de séjour fonctionne comme peine principale dans quelques cas où le coupable n'encourt une peine ordinaire que grâce à certaines circonstances déterminées par la loi. Ainsi nous la voyons édictée par les articles : 100, 108, 138, 144, 213, 271, § 2 c. p.

Au point de vue de la *durée*, l'art. 46 § 1er c. p. déclare, et d'une manière absolue, que le maximum ne pourra dépasser vingt ans ; cette disposition est suivie dans tous les cas où la surveillance est prononcée à vie par le code pénal ; mais sur le minimum général, la loi est muette ; en pratique il est recommandé aux juges de ne pas prononcer l'interdiction de séjour pour une durée inférieure à deux ans.

L'interdiction de séjour peut cesser avant le temps pour lequel elle est prononcée par le jugement ; à la suite d'une amnistie par exemple. Elle peut encore être remise ou réduite par voie de grâce et suspendue par mesure administrative (art. 48 § 1er c. p.) (1).

La sanction pour la contravention à la mesure de l'interdiction de séjour, est assurée par la disposition contenue dans l'art. 45 c. p. qui édicte une peine d'emprisonnement dont le maximum est de cinq ans, pendant laquelle le cours de l'interdiction est forcément suspendu, deux peines restrictives de liberté ne pouvant s'exécuter simultanément.

Encore une observation pour être complet à l'égard de cette peine, dont la durée, je l'avais déjà dit, ne peut dépasser vingt ans ; cependant dans un cas spécial, elle est perpétuelle : lorsque la relégation ne

1. — La suspension est prononcée par le Ministre de l'intérieur sur la proposition du Préfet, après un temps d'épreuve du moins la moitié de la durée totale (Decret 30 août 1875 art. 5). La question douteuse avant 1874, celle de savoir si la prescription de la peine principale a pour effet d'affranchir le condamné de la surveillance, a été tranchée dans le sens négatif (art. 48 § 2, 3, 4, c. p.).

pourra être prononcée contre un individu parce qu'à
l'expiration de sa peine il aurait dépassé l'âge de 60
ans. Dans ce seul cas l'interdiction de séjour est perpétuelle.

La peine que je viens d'examiner est, sans contredit,
une des mesures les plus imporantes et les plus nécessaires que la société ait le droit d'édicter pour se proté-
ger contre certains libérés qui constituent un péril
pour la sûreté publique, et qui, par conséquent, doivent recevoir l'interdiction de séjourner dans certains
centres où leur présence est jugée dangereuse.

Aussi est-il vraiment regrettable que le législateur
roumain n'ait pas trouvé nécessaire d'organiser une
pareille mesure qui est impérieusement imposée par son
incontestable utilité.

L'omission est d'autant plus étranges que notre
législateur a, presque fidèlement, copié le code pénal
français et aucun obstacle matériel ne s'opposait à
l'organisation de l'interdiction de séjour.

*Peines privatives de liberté en matière correction-
nelle.*

D'après le code pénal roumain, il n'y a qu'une seule
peine qui entre dans cette catégorie ; c'est l'emprisonnement correctionnel.

Dans le système pénal français, elles sont au nombre de trois, savoir : a) l'emprisonnement correction

nel ; b) l'interdiction de séjour ; c) la relégation. Les deux dernières, je les ai déjà examinées ; je ne m'occuperai donc que de la première.

En législation roumaine, le mode d'exécution de l'emprisonnement correctionnel consiste en ce que le condamné est renfermé dans une maison de correction et employé au travail, autant qu'il est possible, en rapport avec ses aptitudes et suivant son choix.

Le produit de son travail est destiné, en partie aux dépenses de la maison, en partie pour lui procurer quelques adoucissements, et en partie pour lui constituer une masse de réserve qui lui sera remise lors de sa libération. Le tout conforme aux règlements spéciaux (art. 24 c. p. r.).

En comparant ces dispositions avec celles qui organisent cette peine dans le code pénal français, (art. 40, 41) on ne trouve guère de différence que quant à la limite du minimum qui est ici de six jours et là de seize jours.

Peines privatives de liberté en matière de police.

Dans le système pénal roumain, comme dans le système français, une seule peine rentre dans cette catégorie, c'est l'emprisonnement simple, sans assujettissement au travail et avec un régime indulgent.

D'après le code roumain, cette peine doit être subie dans des maisons d'arrêt de district, établies au chef lieu de chaque district (1) (art. 29 c. p. r.)

En France cette peine est subie, soit dans les prisons dites cantonales, soit dans les prisons dites municipales (art. 464, 465 c. p. fr.).

La différence à signaler entre les deux législations sur cette peine est celle concernant la durée qui, d'après le code français, est d'un à cinq jours (art. 465), elle est d'un à quinze jours d'après le code roumain (art. 382).

2. — *Considérations générales sur les peines privatives de liberté au point de vue du juste et de l'utilité sociale.*

La société a le droit d'organiser les mesures légales, propres à la garantir contre tout acte de nature à entraver ou à troubler l'ordre et l'harmonie, qui doivent régner dans le rouage de toutes les institutions qui sont nécessaires à son existence.

Les causes qui peuvent entraîner un individu à commettre pareil acte, sont variées, ainsi : cela peut être la suite soit d'une affection cérébrale, soit de son ignorance, soit d'une faute, soit enfin d'un sentiment pervers de sa volonté. Les mesures que le pouvoir trouvera nécessaires à édicter, doivent, sans doute, avoir pour effet, de donner satisfaction à l'opinion publique, lésée par le méfait commis ; de réparer le

1. Le district est une division territoriale qui en Roumanie correspond à celle du département en France

préjudice causé soit à la société, soit à un de ces membres.

Mais c'est toujours en se guidant sur le principe de *l'utilité* et du *juste*, qu'il doit organiser les mesures afin d'atteindre ce but. Ainsi: pour les fous dangereux, il faut organiser des hospices; contre un acte accompli par ignorance, contrairement ou sans les formalités légales édictées, ce sera la nullité de cet acte; pour un préjudice fautif on édictera la réparation pécuniaire ; et enfin pour un fait dû à la volonté perverse de l'agent reconnu coupable ce sera, outre la réparation pécuniaire du préjudice matériel, l'application d'une mesure propre à réparer aussi le préjudice moral que la société a ressenti à la suite de l'infraction, c'est-à-dire à rétablir l'ordre troublé par le méfait. Et, comme ce préjudice, ce trouble, peuvent être plus ou moins retentissants, que l'opinion publique soit plus ou moins alarmée, suivant la gravité du fait et la perversité de l'agent ; il est *juste* et *nécessaire*, que les moyens édictés dans le but que la société doit atteindre, le soient dans les limites tracées par ces deux principes.

Il est incontestable que la peine privative de liberté organisée de cette manière, est une des mesures les plus propres que la société puisse établir pour garantir l'ordre nécessaire.

Nous avons vu, par l'exposé du système des peines privatives de liberté, organisées dans la législation française et dans la législation roumaine et qui sont pres-

que semblables dans la plupart des législations des pays
civilisés, que ces peines sont graduées, et quant à leur
durée et quant au régime de leur exécution, proportionnellement à la gravité de l'infraction et à la perversité de l'agent qui, dans l'intérêt de la paix sociale,
doit être mis dans l'impossibilité de réitérer ses méfaits
et en même temps être puni pour celui qu'il vient de
commettre.

Sans contredit, l'emprisonnement est un moyen sûr
pour mettre l'individu dans une impossibilité plus ou
moins durable de nuire ; et comme cette mesure est en
même temps susceptible d'être proportionnée, par sa
durée et par son régime, dans les limites du juste et de
l'utilité ; elle constitue le moyen qui, à tous les points
de vue, satisfait les conditions requises pour réaliser
son but.

Il est vrai que l'idéal serait de pouvoir extirper le
mal par sa racine, de pouvoir tarir la source même du
crime, c'est-à-dire de supprimer les causes génératrices
de la criminalité qui, il faut l'avouer, sont bien nombreu
ses, pour ne pas avoir le triste besoin de réprimer ses
effets. Pour arriver à une amélioration de l'état actuel
des choses qui est plus qu'inquiétant, on a fait et on
fait beaucoup surtout théoriquement dans les congrès
pénaux et pénitentiaires où ce grand problème social
est longuement et passionnément discuté ; mais quoi
qu'il arrive, tant qu'il y aura des hommes, il y aura
aussi des mauvaises passions qui les domineront, et

par conséquent des crimes commis et pour la société le devoir de les réprimer.

De la manière dont le régime d'exécution est organisé, dépend la plus grande partie de l'efficacité que la peine privative de liberté est destinée à réaliser ; nous verrons, en examinant les différents systèmes pénitentiaires proposés et adoptés, lequel est de nature à donner les meilleurs résultats.

C. — *Peines privatives de droits.* (1)

Les peines privatives de droits, organisées par la législation pénale roumaine se classent en deux catégories : dans la première, les déchéances, édictées à titre de peines, sont la conséquence de l'indignité du coupable à qui l'exercice de certains droits doit être refusé. A cette catégorie ou classe, appartiennent la dégradation civique ; l'interdiction de certains droits politiques, civils et de famille ; la faculté accordée au conjoint du condamné à la peine des travaux forcés ou à la réclusion, de demander le divorce (c. civ. art. 213).

Dans la deuxième catégorie, la privation de certains droits est établie, soit pour mettre le droit en harmonie avec le fait, parce qu'il eût été difficile aux con-

1. Bibliographie. Humbert. *Des conséquences des condamnations pénales relativement à la capacité des personnes* (1885).

damnés d'exercer, durant la peine, les droits dont l'exercice leur est refusé ; soit, et notamment comme mesure de sûreté ou pour maintenir l'égalité du châtiment entre les détenus, ou encore comme mesure de protection en faveur de la famille ou du condamné lui-même. A cette classe appartiennent, l'interdiction légale, l'incapacité d'administrer son patrimoine et d'en disposer par actes entre-vifs, la privation pour le mari du droit de l'autorisation maritale (c. civ. art. 203).

En comparant les dispositions, concernant ces peines édictées par la loi roumaine avec la loi française, on se convaincra facilement que le législateur roumain a copié presque littéralement le législateur français.

La différence à noter peut se résumer en ce que l'étendue et le nombre de privations de droits est plus grand en législation française, ainsi : d'abord le code pénal roumain a supprimé la déchéance que le code français a maintenue comme une épave de la mort civile, savoir : la nullité du testament fait par le condamné à une peine perpétuelle ou à celle de mort.

Ensuite, nous voyons que, à l'incapacité de disposer par actes entre-vifs que la loi roumaine édicte pour les condamnés aux travaux forcés et à la réclusion, le code pénal français ajoute encore l'incapacité de disposer aussi par testament et en même temps, celle de recevoir à ces titres si ce n'est pas pour cause d'aliments, déchéances qui frappent les condamnés à

mort, aux travaux forcés à perpétuité et à la déportation (art. 3, L 1854).

En dehors des déchéances des droits, établies par
le code pénal, il existe dans la législation française des
lois qui édictent des incapacités spéciales qu'on peut
classer en deux catégories: ainsi, certaines déchéances
qui sont la suite de la dégradation civique ne sont pas
attachées aux condamnations correctionnelles ; pour
combler cette lacune à l'égard de quelques délits graves, une loi du 15 mars 1850 a frappé les individus
condamnés pour crimes ou délits contraires à la pro-
bité ou aux bonnes mœurs, de l'incapacité de tenir un
établissement public ou libre d'instruction ou d'y être
employé. Une incapacité spéciale, dans le même ordre
d'idées, est édictée par une loi du 12 juillet 1875 (art. 8).

Toujours comme suite d'une condamnation correctionnelle, les lois sur les élections et le jury frappent
certains condamnés de l'incapacité d'être électeurs ou
éligibles et d'être jurés (1).

J'examinerai maintenant chacune des peines que je
viens d'énumérer, tant au point de vue des déchéances
qu'elle entraîne, qu'au point de vue de la nécessité ou
de l'utilité sociale qu'elle présente.

a). — *La dégradation civique.* — D'après le code
pénal français, ainsi que d'après le code roumain, nous

1. Loi du 2 février 1852 (art. 15, 16 et 27), Loi 30 novembre
1875 (art. 22). Loi 24 novembre 1872 (art. 2).

voyons que la dégradation civique entre dans la catégorie des peines criminelles, et qu'elle fonctionne soit
à titre de peine *principale*, soit comme peine *accessoire*. (art. 8, 28 C. p. fr. Loi du 31 mai 1854 art. 2
leg. fr. — art. 7, 13, 16 c. p. r.).

A titre de peine principale, la loi roumaine l'édicte,
le plus souvent pour crimes d'attentats à la liberté et
d'empiétement des autorités administratives et judiciaires (art: 102,103,104,105,108,110 c. p. r.). Le code
pénal français la prévoit dans le même but (art. : 114,
119,121,122,127,130 c. p. fr.).

Généralement cette peine fonctionne comme accessoire des peines criminelles et, dans ces cas, elle est
encourue de plein droit, sans que le juge soit obligé de
la mentionner dans la sentence de condamnation. Avec
ce caractère le code pénal roumain l'attache aux peines
des travaux forcés à perpétuité ou à temps et à la réclusion. Le code français l'attache à toutes les peines
criminelles a perpétuité ou à temps, afflictives et infamantes. Ici il faut mentionner une disposition spéciale, conçue dans les mêmes termes par les deux
codes, français et roumain, savoir : « Quand la dégradation civique sera prononcée comme peine principale,
elle *pourra* être accompagnée d'un emprisonnement
dont la durée n'excédera pas » (d'après l'art. 35 § 1er c.
p. fr.) « cinq ans » (d'après le c. p. r. art. 23 § 1er)
« deux ans ». « Si le coupable est un étranger ou un
Français (Roumain), ayant perdu la qualité de citoyen,

la peine d'emprisonnement devra toujours être prononcée ». Ce dernier texte nous montre que le législateur lui-même, ainsi que nous le dirons aussi tout à l'heure, est convaincu de l'inefficacité de cette peine, dans certains cas, à l'égard de certains individus, de sorte qu'il trouve nécessaire de la renforcer par une peine réelle, facultative pour le juge quand le condamné est citoyen, obligatoire quand il est étranger.

Une autre différence à signaler entre les deux Codes est celle quant à la durée ; ainsi, la dégradation civique, d'après le code français, est toujours perpétuelle ; tandis que, d'après le code roumain, il faut distinguer suivant qu'elle fonctionne comme peine principale ou comme accessoire ; dans le premier cas, elle est de trois à dix ans ; dans le deuxième, elle dure autant que la peine principale et *seulement pendant le temps de l'exécution de celle-ci*, de sorte qu'elle peut alors être, soit perpétuelle soit à temps, et cesse au moment où le condamné est libéré soit qu'il ait subi sa peine, soit qu'il la prescrit ou qu'il ait bénéficié d'une mesure gracieuse.

Quant à l'ensemble des droits dont elle prive le condamné, car elle forme un tout indivisible, il n'y a absolument aucune différence entre le code roumain et le code français. Le législateur roumain dans l'article 22, code pénal, a textuellement reproduit l'article 34 du code pénal français.

Examinée au point de vue du but social que cette

peine est destinée à atteindre, elle est sujette à une sévère mais juste critique.

Le premier défaut qu'on peut lui imputer, c'est qu'elle frappe d'une manière inégale ceux qui y sont condam_nés. Ainsi la destitution et l'exclusion de tous les emplois publics, qui sont des déchéances extrêmement sévères pour certains condamnés, ne constituent pour d'autres qu'une peine nominale, sans aucun effet réel.

Souvent elle est encore inefficace puisque nous la voyons accorder des dispenses de certaines charges publiques, comme celles d'être tuteur, de servir dans l'armée ; obligation que beaucoup d'individus ne considèrent pas comme un honneur, mais au contraire comme un lourd fardeau dont ils ne demandent pas mieux que d'être débarrassés. De sorte que, là où le législateur entend frapper en punissant le mal, il le récompense (1).

1. Ce défaut a été reconnu par le législateur français notamment en ce qui concerne l'incapacité de servir dans l'armée. Pour parer à cet inconvénient, la loi sur le recrutement du 15 juin 1889, art. 4, décide : « Sont exclus de l'armée mais mis soit pour leur temps de service actif, soit en cas de mobilisation à la disposition du ministre de la marine et des colonies : 1° les individus qui ont été condamnés à une peine afflictive ou infamante dans les cas prévus par l'art. 177, c. p. ». Par argument *a contrario* il résulte donc, que dans tout autre hypothèse que celle prévue par l'art. 177, quand elle est appliquée comme peine principale ou comme accessoire du bannissement, la dégradation civique n'entraîne pas l'exclusion de l'armée.

A ces inconvénients, il faut ajouter encore celui
que la dégradation civique est quelque fois même nui-
sible : ainsi, lorsqu'elle frappe le condamné de l'incapacité d'être témoin, ou expert et juré, le mal n'est
pas pour lui qui souvent ne tient pas à ces droits ou
honneurs, mais pour des tiers ou pour la justice qui
ont besoin des lumières des témoins ou des aptitudes
spéciales des experts ; de façon que, au lieu d'agir
pour le bien social, la peine produit des effets contraires à ses intérêts.

Le législateur roumain mérite en outre une critique
spéciale pour la manière défectueuse dont il a organisé cette peine quant au temps pendant lequel elle est
encourue ; en voulant corriger l'inconvénient qui résulte de sa perpétuité d'après la loi française, il lui a
assigné une durée de trois à dix ans quand elle fonctionne comme peine principale (art. 8 § 5 c. p. r.)
et dans le cas ou elle est encourue comme *accessoire*
alors sa durée est égale à la peine principale et seulement *durant l'exécution de cette dernière* (art. 13
§ 4 et 16 § 1er c. p. r.).

Le changement opéré par le législateur roumain en
transformant cette peine de perpétuelle, comme elle
est dans la loi française, en temporaire, et surtout en
lui assignant comme temps d'action celui pendant lequel
s'exécute la peine principale, constitue un véritable
non sens. En effet, si la dégradation civique ne consiste pas dans la déchéance perpétuelle des droits qu'elle

énumère, et qu'elle suspende seulement leur exercice pendant la durée de la peine principale ; en quoi consiste l'aggravation de cette dernière ? Car c'est une vérité flagrante que, pendant qu'il subit sa peine, le condamné ne pourra pas exercer les droits dont la dégradation civique le dépouille, quel est donc la raison d'être de cette peine ainsi qu'elle est organisée dans notre code pénal ?

Il en est tout autrement dans la loi française. Elle représente une réelle aggravation, non parce que le condamné est déchu de ses droits quant à leur exercice pendant l'exécution de la peine principale, mais parce qu'il en est dépouillé pour toujours, ce qui est le véritable effet qu'on veut assigner à la dégradation civique, effet qui ne peut être réalisé que lorsqu'elle est perpétuelle, de sorte que, même après l'expiration de la peine principale, par son exécution ou par sa remise gracieuse, ou sa prescription, les effets de la dégradation continueront, pour ne cesser qu'avec la vie du condamné ou par sa réhabilitation.

Il est donc à souhaiter que le législateur roumain, convaincu que la dégradation civique, comme elle est actuellement organisée et surtout comme peine accessoire, ne présente aucune utilité péna'e et par conséquent avisera soit à sa suppression, soit à sa réforme pour qu'elle produise un effet palpable, ce qui ne sera possible que lorsque son fonctionnement com-

mencera ou continuera après l'expiration de la peine
principale.

Le législateur lui-même s'est depuis longtemps aperçu
des défauts que j'ai signalés plus haut, de sorte qu'après
la promulgation du code pénal, il fut obligé par plusieurs lois spéciales, de combler les lacunes que la pratique signala comme les plus pressantes. Ainsi la loi
électorale contient des dispositions en vertu desquelles
sont déchus du droit d'être électeurs ou éligibles, ceux
condamnés comme coupables des infractions que cette
loi prévoit.

Je crois qu'un remède, au moins partiel, pourrait
être apporté aux vices que la peine en question présente actuellement ; et à cette fin il suffirait de lui assigner le caractère d'une peine exclusivement complémentaire, c'est-à-dire qu'elle soit attachée, non à certaines peines mais à certains délits. Ensuite, qu'on la
rende divisible, c'est-à-dire, que le juge puisse scinder
les déchéances qui la composent en formant aujour-
d'hui un tout indivisible, en prononçant celle qu'il
jugera comme constituant, pour tel individu, coupable
de telle infraction, une véritable affliction.

En un mot, en assurant à cette peine la même élas-
ticité que présente l'interdiction correctionnelle.

b). *L'interdiction légale.* — Dans le code pénal
roumain, de même que dans le code pénal français,
l'interdiction légale fonctionne toujours comme peine
accessoire en matière criminelle. Avec ce caractère, le

législateur roumain l'a attachée aux peines des travaux
forcés et à celle de la réclusion (art. 13, 16 c. p. r).
Le législateur français l'a édictée pour toutes les peines afflictives (art. 7, 29 à 31 c.p.fr).

En lisant ces textes, on voit que les effets de cette
mesure, sont de priver le condamné, pendant la durée
de la peine principale, de l'exercice des droits civils ;
de sorte que l'individu frappé est assimilé par la loi
même, à celui interdit par décision d'un tribunal civil.
Mais, entre ces deux institutions existent des différences assez importantes quant à leur but.

Ainsi, cette mesure, organisée par la loi civile, a un
caractère exclusivement protecteur ; tandis que l'interdiction organisée par la loi pénale, a le double caractère d'une mesure à la fois *pénale* et *protectrice*.

Comme *pénale*, on dit que cette mesure a pour but,
en privant le condamné du droit d'administrer son patrimoine, de lui enlever la possibilité d'user de ses revenus pour adoucir son existence ; car ce serait contraire au principe de l'égalité des peines, qui doivent
être les mêmes pour les condamnés riches ou pauvres.
A cette objection, on pourrait avec succès répondre
que ce résultat d'inégalité peut facilement être évité
par un régime pénitentiaire bien organisé.

On invoque encore une autre raison d'être de cette
mesure pénale : en laissant au condamné la libre administration et disposition de sa fortune, il pourrait avec
son argent se procurer des moyens d'évasion. La ré-

ponse à cette objection peut être formulée comme la première, car un bon régime, complété par un service de surveillance bien organisé avec un personnel choisi suffira à éviter tout danger d'évasion. On pourrait invoquer un autre motif, que j'estime plus plausible, pour justifier le but *pénal* de cette mesure : c'est celui qui résulte de son effet même, c'est-à-dire celui de faire souffrir le condamné, et ce but est réellement atteint car toute privation d'un bien matériel ou moral, a cet effet.

Comme mesure protectrice, l'interdiction légale embrasse à la fois l'intérêt du condamné et celui de sa famille. Son but est d'assurer l'administration et, par là, la conservation du patrimoine du condamné; en même temps de le sauvegarder contre les dispositions déraisonnables et ruineuses dont le condamné serait tenté d'user au détriment de la famille.

Par ce double caractère, que l'interdiction légale présente, nous pouvons expliquer en quoi elle diffère de la dégradation civique, pour montrer qu'elle ne constitue pas un pléonasme législatif avec cette dernière.

Nous avons vu que la dégradation civique, d'après la loi Française, consiste dans la privation de la *jouissance* des droits civils, tandis que l'interdiction légale entraîne une simple incapacité à l'égard de leur *exercice*; le condamné n'est pas, par exemple, privé du droit d'être ou de devenir propriétaire, usufrutier, etc, seulement il ne peut plus l'exercer par lui-même.

Ensuite, l'utilité de la dégradation civique (en législation française) se manifeste le plus souvent *après
l'exécution* de la peine principale ; l'interdiction légale,
au contraire, n'a de raison d'être que *pendant la durée* de la peine à laquelle elle est attachée. De là, il
faut conclure encore que, tandis que la dégradation civique peut résulter d'une condamnation par coutuma-
ce, l'interdiction légale ne peut être la conséquence
que d'une condamnation contradictoire.

Enfin, j'en ai déjà fait la remarque, la dégradation
civique peut être l'accessoire du bannissement qui est
une peine simplement infamante, alors que l'interdiction légale n'est attachée qu'aux peines afflictives.

Cette dernière observation, m'oblige, avant de finir
l'examen sur cette peine, de rappeler, ici, que dans le
système du code pénale français de 1810, les condamnés aux peines perpétuelles échappaient à la déchéance de l'interdiction légale puisqu'ils étaient frappés de
la mort civile qui contenait toutes les déchéances ; mais,
depuis l'abolition de celle-ci, la loi du 31 mai 1854 (art.
2) attache aux peines perpétuelles l'interdiction légale.

c). — *Double incapacité de disposer et de recevoir
a titre gratuit.* — Cette déchéance qui ne figure pas
dans le système pénal roumain, a été maintenue par le
législateur français, après l'abolition de la mort civile,
pour l'attacher aux peines perpétuelles et à la peine de
mort. En effet, il aurait été contraire au principe de
l'équité, de frapper moins sévèrement les condamnés

à ces peines que ceux condamnés à des peines temporaires qui entraînent la dégradation civique et l'interdiction légale.

Pour ces motifs d'équité, la loi de 1854 en supprimant la mort civile, l'a remplacée par l'ensemble des déchéances suivantes : 1° La dégradation civique ; 2° l'interdiction légale ; 3° la double incapacité de disposer et de recevoir à titre gratuit, à laquelle s'ajoute la nullité du testament fait par le condamné au temps où il était capable (art. 2, 3. L. 1854).

Les deux déchéances citées en dernier lieu (n° 2 et 3), épaves de la mort civile, que le législateur a maintenues pour établir une différence entre les condamnés aux peines perpétuelles et ceux condamnés aux peines temporaires, produisent, en fait, des résultats peu heureux, car, d'une insignifiante utilité au point de vue pénal, répressif, leur application dans la pratique, donne lieu à des conséquences souvent en opposition avec les intérêts sociaux. Ainsi, prenons l'incapacité de disposer et de recevoir à titre gratuit : (art. 3) un condamné, bien que frappé d'une peine perpétuelle, peut cependant se marier ; l'incapacité signalée l'empêchera de faire à son futur, ou que celui-ci lui fasse, les libéralités que la loi permet et favorise d'ordinaire entre époux. Il y a donc là une inconséquence.

Ailleurs les résultats sont encore pires : nous savons que la loi civile permet au père et à la mère de faire, eux vivants, la distribution et le partage de leurs

biens, par actes entre vifs ou testamentaires, à condition que le partage soit fait *entre tous les enfants* (art.
1075, 1076, 1078 c. civ. fr.) Si maintenant l'un de
ceux-ci se trouve condamné à une peine perpétuelle,
ce que la loi considère avec faveur, sera cependant
impossible. On dira, ce qui est vrai, que la loi du 31
mars 1854 (art. 4) apporte un remède à ce défaut, en
accordant au gouvernement la faculté de relever le
condamné de ces déchéances, mais pour être obligé de
remédier au mal, ne vaut-il pas mieux l'empêcher de
se produire à l'origine quand cela est possible?

d). — *L'interdiction en matière correctionnelle.* —
Dans le code pénal roumain il n'est parlé de cette peine que dans les articles 8 n° 2 et 27. Le premier texte
nous dit que cette mesure pénale consiste dans : « l'interdiction, de six mois à six ans, de certains des droits
politiques, civils ou de famille » : et quand il s'agit de
savoir quels sont ces droits, l'article 27 se borne, dans
une rédaction trop concise, à nous renvoyer à l'article
22 en disant qu'en matière correctionnelle et « seulement dans les cas prévus par la loi, les tribunaux
pourront prononcer l'interdiction *d'un ou plusieurs* des
droits prévus par l'article 22 » c'est-à-dire de ceux qui
constituent l'ensemble des déchéances de la dégradation
civique.

Le code pénal français est plus clair. En effet, l'article 42, qui organise cette peine, indique d'une manière

explicite, chacune des déchéances que le juge peut prononcer.

En général, les éléments qui composent cette peine, sont presque analogues dans les deux législations. La différence est que, d'après le code roumain, les déchéances sont plus nombreuses que celles comprises dans l'article 42 c. p. fr. Ainsi l'article 27 du code pénal roumain, en se rapportant à l'article 22 qui contient la dégradation civique, maintient donc aussi en matière correctionnelle et sans exception, toutes les déchéances de cette dernière édictée en matière criminelle ; par conséquent aussi l'interdiction de tout office public, de servir dans l'armée roumaine, de porter des décorations, de tenir école, d'être employé dans un établissement d'instruction publique; déchéances que l'article 42 français ne prévoit pas ; donc à ce point de vue la loi française est moins sévère que la loi roumaine ; d'un autre côté elle est plus dure, car dans plusieurs cas elle édicte les déchéances à perpétuité (art. 171, 175 c. p. fr.), et dans d'autres elle n'en a pas fixé le terme de la durée, de sorte que le juge a la faculté de la rendre perpétuelle (art. 89, 91, c. p. fr.).

Comparée avec la dégradation civique, l'interdiction correctionnelle, bien qu'elle s'en approche par sa nature, en diffère cependant à plusieurs points de vue, savoir : 1° tandis que la dégradation civique est le plus souvent une peine *accessoire* et alors, *ipso jure*, elle est attachée à la peine principale ; l'interdiction ne fonctionne jamais avec ce caractère, elle doit toujours être prononcée et seulement dans les cas expressément autorisés ou ordonnés par la loi. Elle est donc attachée plutôt qu'à telle infraction qu'à telle peine.

2° La dégradation civique est une peine indivisible, ce qui constitue, comme nous venons de le voir, le principal reproche qu'on lui fait, tandis que l'interdiction correctionnelle échappe à cet inconvénient, la loi permettant au juge de scinder les déchéances qui la composent et de choisir celles qui lui semblent le mieux en rapport avec le caractère de chaque infraction.

3° D'après la loi française, il y a encore à signaler la différence quant à la durée, puisque la dégradation civique est toujours perpétuelle, alors que l'interdiction correctionnelle est presque toujours temporaire.

En résumé, l'interdiction correctionnelle peut, avec raison, être considérée comme une peine utile et juste et par conséquent nécessaire à figurer dans un système pénal rationnel.

Pour finir avec les peines privatives de droits, je dois encore ajouter que, en matière de police, ni la législation roumaine, ni la législation française n'édictent aucune peine de cette nature.

D. — *Peines pécuniaires*.

Le code pénal roumain, ainsi que le code français, édicte deux peines qui rentrent dans cette catégorie savoir ; 1° l'amende (art. 8, 9, 381, 383 c. p. r. — art.

11,466 c. p. fr.), 2° la confiscation spéciale (art. 37,
381.384 c. p. r. — art. 11,464,470 c. p. fr.)

Les peines pécunia res frappent le condamné dans
son patrimoine, en le diminuant et par conséquent lui
inflige un châtiment pour l'infraction dont il s'est
rendu coupable.

Au point de vue de leurs effets, ces peines sont de
deux sortes : ou bien elles rendent le condamné débi-
teur d'une somme d'argent envers le fisc, ou bien elles
constituent le fisc propriétaire d'un corps certain qui
appartient au condamné.

Suivant l'un ou l'autre cas, la loi les distingue sous
le nom d'*amende* ou de *confiscation* ; mais il est à
remarquer que ni l'une ni l'autre ne sont destinées à
la réparation du préjudice privé occasionné par l'infraction ; leur but est donc essentiellement pénal.

a). — *L'amende.* — Cette peine, nous la voyons
figurer dans l'ancienne législation pénale roumaine où
elle était presque toujours employée comme complé-
ment de la plus grande partie des peines corporelles

Ces amendes étaient alors destinées à grossir le
trésor particulier du prince souverain, de sorte que,
son application apparait plus ou moins fréquente suivant l'avidité ou les besoins du prince.

Quelquefois, on rencontre dans l'ancien droit roumain, l'amende fonctionnant avec un caractère collec-
tif frappant tous les habitants d'une localité (1).

1. En France l'amende correctionnelle appartient en princip

Dans l'ancien droit français, la peine de l'amende a aussi fonctionné et avec le même caractère fiscal; elle constituait une source abondante de revenus pour le seigneur justicier, qui réclamait l'exercice de la justice pénale spécialement parce qu'elle lui rapportait de gros profits.

Cet état de choses était alors conforme à l'esprit dominant de l'époque où la justice se rendait au nom du roi, du seigneur, ou du prince, en Roumanie.

Aujourd'hui c'est au nom de la nation, de la société qu'elle est rendue, c'est par conséquent dans le trésor public que les amendes sont généralement versées (2). En matière de police, l'amende est prononcée au profit de la commune où la contravention a été commise. (art. 383 c. p. r. — art. 466 c. p. fr.).

à l'Etat, mais il n'en garde le bénéfice que sous certains réserves : La loi de finance des 26-27 décembre 1890 (art 11) a unifié la répartition des amendes : les décimes additionnels vont à l'Etat le principal reste à l'Etat jusqu'à concurrence de 20 0/0; le reste tombe dans le fonds commun. Ce fonds communs sert à payer certaines valeurs. Ce qui reste est attribué, en outre par la loi du 28 avril 1893, un quart au service des enfants assistés, les trois quarts aux communes.

1. A ce sujet, nous voyons un document historique de 1553 émanant du prince souverain Patraschcou. Voïev od de Vaalachi, par lequel il est ordonné que les habitants du village Vianoul, oùe fut assasiné un juif, doivent payer une amende de 40.000 aspres (petite monnaie d'argent) à sa famille.

Le code pénal roumain a établi la peine de l'amende seulement en matière correctionnelle et de police.

Dans le premier cas, sa quotité est déterminée avec un minimum de 26 francs, sans indication du maximum général (art. 8 c. p. r.). La loi, dans tous les cas où elle édicte cette peine, fixe alors le maximum et le minimum, entre lesquels le juge a la faculté de se mouvoir, sans pouvoir dépasser l'un, ni descendre au-dessous de l'autre s'il ne déclare des circonstances atténuantes.

En matière de police, l'amende, qui constitue ici la peine ordinaire, est de cinq à vingt-cinq francs, suivant la classe à laquelle la contravention appartient (art. 9 c. p. r.).

Dans l'une comme dans l'autre matière, elle fonctionne, soit comme peine principale, soit comme peine accessoire, et dans ce dernier cas elle n'est jamais encourue de plein droit et doit toujours être prononcée par le juge.

Comparée avec la législation pénale française, cette peine présente plusieurs différences : c'est d'abord quant à son domaine d'application qui est plus étendu ici qu'en législation roumaine, puisqu'elle est édictée aussi en matière criminelle (art. 11 c. p. fr.) mais toujours comme complémentaire et dans des cas assez rares, par exemple en cas de destruction d'édifices d'autrui, (art. 437 c. p. fr.) en matière de faux, (art. 164 c. p. fr.).

Ensuite la différence existe encore quant à la quotité du maximum et du minimum, qui d'après le code pénal français est, en matière correctionnelle, de seize francs et au-dessus sans maximum général; en matière de police, d'un à quinze francs, selon la classe à laquelle appartient la contravention (art. 466 c. p. fr.)

Le caractère essentiellement répressif que le législateur a imprimé à l'amende, fait de cette mesure une véritable peine dans le sens strict du mot. Elle se distingue donc et des restitutions et des dommages-intérêts dûs par suite de l'infraction (art. 10 c. p. fr.—art. 36 c. p. r.) bien que leur exécution soit assurée par une sanction pénale, la contrainte par corps; mais nous savons que c'est plutôt un moyen d'épreuve de solvabilité qu'une peine; elle se distingue aussi de la clause pénale qui a le caractère d'une peine privée, permise par la loi comme sanction civile des obligations contractées par des particuliers.

En outre, pour que l'amende ait un caractère pénal, il faut qu'elle soit prononcée à raison d'un fait incriminé par la loi pénale; car c'est par là qu'elle se distingue des amendes civiles, de procédure et des amendes disciplinaires. Réunissant ces conditions, on ne peut plus douter que l'amende constitue une véritable peine et cela aussi bien quand elle est prononcée par un tribunal civil que lorsqu'elle l'est par un tribunal répressif.

Ayant démontré que l'amende est une peine, il s'ensuit que les règles concernant toute peine, lui sont aussi applicables. Ainsi : 1° elle doit être personnelle, c'est-à-dire ne frapper que ceux qui sont pénalement responsables par conséquent si, avant que la condamnation à l'amende soit devenue irrévocab'e, le condamné est mort, l'exécution ne pourra être poursuivie contre les héritiers ; si, au contraire, la mort survient après que la décision a acquis la force de chose jugée, alors l'article 35 du c. p. r. décide que : « le recouvrement de l'amende devra être poursuivi contre les héritiers du condamné » ; cette disposition, je l'estime comme juste, car l'amende est une peine dont l'effet immédiat est de créer une obligation pécuniaire à la charge du patrimoine du condamné, et par conséquent il est équitable que cette charge soit transmise, avec le patrimoine lui-même, aux héritiers qui recueillent aussi l'actif.

Cette question, dont la solution, en législation française, est douteuse à cause du silence des textes, a été tranchée par la doctrine et par la jurisprudence dans le même sens et sur les mêmes raisons que je viens d'exposer plus haut.

2° L'amende, comme toute peine, ne peut être prononcée par le juge, qu'en vertu d'une disposition de la loi qui l'établit.

3° En outre, l'amende en matière criminelle et correctionnelle, (en droit roumain seulement en matière correctionnelle) est soumise au principe du non-cumul qui régit le concours des infractions (art. 365 c. instr. cr. fr. — art. 40 c. p. r.) Cependant son application a soulevé des controverses surtout à l'égard de l'amende mais, aujourd'hui, la jurisprudence s'est fixée dans le sens du non-cumul (1). En effet, l'amende est une peine, or les articles que j'ai cités tout à l'heure, concernant le principe de non-comul, décident que la peine la plus forte *seule* sera prononcée, partant il faut l'appliquer aussi à l'amende et même dans le cas où elle est prononcée comme peine complémentaire. Néanmoins, la jurisprudence fait exception quant aux amendes prononcées en matière fiscale, et cela parce qu'elle leur attribue ici un caractère plutôt de réparation civil, conséquemment le fisc doit être dédommagé et obtenir pour cela autant d'amendes qu'il y a de délits lui causant un préjudice.

Avant de finir avec cette peine, au point de vue de son organisation légale, il me faut voir encore quelle est la réponse à la question de savoir, quelle mesure édicte la loi lorsque le condamné est insolvable ? L'art. 80 § 2 c. p. r. répond que dans ce cas : « l'amende sera remplacée par l'emprisonnement dont la durée sera déterminée par le juge, en substituant un jour de prison a dix francs d'amende ». Dans le code pénal français, nous voyons l'art 467 en matière de simple

---

1. Cette solution a été formellement admise dans la discussion qui a eu lieu au Conseil d'Etat sur l'art. 2.c. instr. cr. Dans le même sens Blanche t. 1er nᵒ 300. Chauveau et Hélie, t. 1, p. 213. En sens contraire : Haus, t. II nᵒ771 ; Carnot, t. 1er p. 60 ; Garrand, *prec. dr. crim.* 1893, p. 232.

police qui dit que : « La contrainte par corps a lieu pour le payement de l'amende ; néanmoins le condamné ne pourra être, par cet objet, détenu plus de quinze jours, s'il justifié de son insolvabilité ».

Nous savons que la contrainte par corps a été conservée par la loi de 1867, pour assurer le recouvrement de l'amende et d'éviter ainsi l'impunité du condamné.

L'art. 9 de cette loi détermine la durée de la contrainte, dont le maximum ne peut excéder deux ans, et en matière de simple police cinq jours.

L'art. 10 dispose la mise en liberté du contraint par corps après avoir subi la moitié de la durée fixée par le jugement, s'il justifie de son insolvabilité.

En résumé, ces deux législations, ainsi que la généralité des autres législations étrangères, font, dans ce cas d'insolvabilité, l'application du principe *quod non habens in bonis luat in corpus* (1).

Examinée au point de vue de l'intérêt social, la peine de l'amende ne semble pas tout à fait à l'abri d'une critique défavorable. En effet, pour que cette peine produise une réelle et égale affliction aux coupables, il faudrait pouvoir la proportionner équitablement à la

---

1. Plusieurs législations modernes ont organisé d'autres systèmes : Elles ont admis le condamné à se libérer en faisant, pour le compte de l'Etat un travail d'une égale valeur au montant de l'amende, et, à titre de peine subsidiaire, en cas d'impossibilité au refus de la part du condamné de s'acquitter par ce moyen, elles ont permis de prononcer contre lui un emprisonnement.

fortune du condamné et pour cela, disposer des éléments nécessaires pour évaluer celle-ci. Or, l'un, et l'autre de ces faits, sont généralement très difficiles, voir même impossibles, dans un grand nombre de cas. En supposant même que le juge puisse arriver à établir une juste proportion entre le chiffre de l'amende et la fortune du condamné, pourrait-on maintenant raisonnablement soutenir que, ainsi proportionné, ce châtiment serait égal pour le condamné pauvre et pour le riche? Je ne le crois pas, même avec la faculté qu'a le juge de se mouvoir dans les limites assez étendues du maximum et du minimum; le minimum sera finalement toujours fort lourd pour le pauvre, surtout celui chargé d'une nombreuse famille, tandis que le maximum sera très peu sensible pour le riche, et si on dépassait la proportion, ce serait violer le principe de l'équité. Il est vrai que la loi édicte, dans la majorité des cas, en même temps que l'amende, la peine de prison de sorte que, avec une intelligente combinaison, les juges peuvent réaliser une répression à peu près égale pour tous et rendre ainsi cette peine efficace, qui appliquée seule serait sans effet afflictif pour certains coupables. Mais toujours reste-t-il vrai que même avec ce moyen d'atténuation de l'inégalité, cette peine doit-être édictée avec prudence.

b). — *La confiscation.* — La confiscation est la prise, au profit du fisc, de la totalité du patrimoine, ou d'un objet déterminé appartenant au condamné. Donc, nous voyons qu'il y a deux sortes de confiscations : la *confiscation générale*, et la *confiscation spéciale*. Avec l'un ou l'autre caractère, elle a existé dans l'ancien droit pénal roumain comme dans le droit francais, et son application en était très fréquente, surtout la confiscation générale des biens, vu qu'elle constituait, de même que l'amende, un moyen très réel pour alimenter la caisse du souverain.

Le plus souvent, elle était la suite des peines capitales ou de celles de l'exil, celle-ci très fréquemment appliquée en Roumanie aux boyards coupables d'avoir tramé quelque complot contre la personne du prince.

Comme exemple de confiscation générale, en matière des peines de droit commun, dans l'ancienne législation pénale roumaine, nous voyons : dans le *livre de lois* de Mathieu Bassarab, de 1652; et dans le *Livre de lois* de son contemporain en Moldavie, Basile Loupou, de 1646, des dispositions analogues qui disent : « le faussaire des monnaies sera décapité, ensuite son corps sera brûlé, et *tous ses biens seront confisqués.* »

Pour les crimes politiques, nous pouvons rapporter les faits suivants : un document datant de 1571, qui émane du prince souverain Alexandre Voïevode de Valachie, et par lequel il donne, à un de ses favoris nommé Florea Postelnicoul, (1) un village confisqué à un boyard condamné pour crime de haute trahison (2).

1. Postelnicoul : *C'est un titre de noblesse.*
2. *Recueil des documents de l'Académie de Roumanie.*

Un autre document de 1674 émanant du prince souverain Duca, Voïevod de Valachie, par lequel il est donné au nommé Constantin Postelnicoul Branoveanou, (plus tard, lui-même, prince régnant de Valachie), toutes les propriétés qui ont appartenu à son aïeul Preda Vornicoul (1) Brancovan qui étaient confisquées auparavant par le prince souverain Mihnea surnommé le Cruel (2).

Comme exemple de confiscations péciale, nous voyons, sous le règne du prince Alexandre Morouzi (1793-1796) plusieurs décisions concernant les boulangers et bouchers et en général tous les marchands qui trichaient sur le poids : ainsi, un nommé Ivan est condamné à 200 coups de verges sur la plante des pieds et sa marchandise est confisquée au profit des prisons (3).

Sous le règne du prince Grégoire Ghica (1822-1828) nous voyons encore édicté la confiscation spéciale, contre les boulangers tricheurs, qui étaient cloués par le lobe de l'oreille, soit à la porte de leur boutique, soit à un piloris placé à un carrefour de la ville, où ils restaient un jour entier, et *tous les pains trouvés dans leur boutique étaient confisqués et distribués aux pauvres.*

La confiscation générale a été abolie en France par l'Assemblée constituante (loi du 21 janvier 1790).

Plus tard, le code pénal, l'a rétablie dans certains

1. Vornicoul, *C'est un titre de noblesse.*
2. *Documents de l'Archive de l'Etat.*
3. V. A. Urechie, *Histoire de Roumanie.*

cas ; mais par la charte de 1814 elle a été définitive-
ment-supprimée.

En Roumanie, cette peine a été supprimée par le
code pénal de 1864 et la Constitution de 1866 par
l'art. 17 dispose : « Aucune loi ne peut établir la peine
de la confiscation des biens. »

Je ne sais pas qu'il existe des divergences d'opinions sur la question de savoir si la peine de la confiscation générale réunit les conditions que les principes
du juste et de l'utilité exigent de toute peine. Je crois
que, les effets détestables que son application, dans
l'ancien droit a produits, laissant d'ineffaçables traces
de misère et de souffrance, doivent suffire pour la
reléguer à tout jamais de toute législation pénale d'une
nation entrée dans la voie de la civilisation. Et c'est
en effet un fait généralement accompli.

La même critique, à laquelle la confiscation générale
est sujette, n'est pas méritée par la confiscation spéciale qui frappe une chose particulière, désignée par
la loi ; tout au contraire, cette peine repose, à tous
les points de vue, sur les principes de la justice et de
l'utilité sociale et par conséquent s'impose dans un
système pénal rationel, comme moyen propre et nécessaire à l'utilité publique.

Le législateur roumain, ainsi que le législateur français, pénétrés de cette vérité, l'ont maintenue et organisée dans leur système pénal (art. 37, 381, code
pénal roumain — art. 11, 464 code pénal français).

Il résulte de l'esprit de ces textes, que cette peine est destinée à frapper les objets ayant un rapport direct avec l'infraction puisqu'ils sont, soit le produit même, soit l'instrument, soit le corps de l'infraction. Aussi voyons-nous, le code pénal roumain (art. 37) et le code pénal français (art. 11, 470) indiquer les objets qui peuvent être confisqués, et qui sont de quatre sortes d'après, le code roumain, mais peuvent se comprendre dans les trois catégories formulées par l'art. 11 du code pénal français, savoir : 1° Des objets qui forment le corps du délit, quand la propriété en appartient au condamné, c'est-à-dire ceux sur lesquels l'infraction a été commise, comme par exemple les monnaies contrefaites ou altérées, dans le crime prévu par l'art. 132, code pénal français art. 112, code pénal roumain, parce qu'ils constituent une propriété illégale.

2° Des choses produites par le délit ; telle serait la recette qu'un directeur ou un entrepreneur de spectacles aurait encaissé par une représentation contraire aux lois ou règlements (art. 428 c. p. fr., art. 342 c. p. r.). Aussi encore les sommes qu'un faux témoin ou un fonctionnaire public aura reçues comme prix de sa corruption (art. 364. 180, c. p. fr., art. 144, 291 c. p. r.).

3° Des objets « qui ont servi, ou ont été destinés à commettre le délit » ; comme par exemple les armes et autres instruments, parce que pareilles choses ne doivent plus rester en la possession de l'agent qui en a fait un usage prohibé par la loi ; par exemple : en commettant un délit de chasse ; les faux poids et mesures ; les tables, instruments, appareils de jeux prohibés, (art. 477 c. p. fr., art. 391 c. p. r.). Mais il est incontestable que la confiscation de ces objets, ne peut être ordonnée par le jugement, que dans les cas textuellement dictés par la loi qui prévoit et punit l'infraction ; car, nous avons vu que, la confiscation est comprise parmi les peines, partant, comme toute peine elle ne peut résulter que d'une disposition légale autorisant le juge à la prononcer et qui à cette fin doit se rapporter à chaque texte pour savoir, quelles sont les choses et dans quelle limite la loi en autorise ou ordonne la confiscation.

De là résulte encore cette conséquence que, le juge n'a pas le droit de substituer, à la confiscation de l'objet désigné par la loi, une condamnation en espèces proportionnée à la valeur de cet objet.

En principe, la confiscation a pour effet de rendre l'Etat propriétaire de l'objet confisqué, mais dans plusieurs cas spéciaux, on lui donne une autre destination, ainsi : l'art. 180 c. p. fr. dit que les choses seront confisquées au profit des hospices du lieu où l'infraction a été commise ; la même disposition est édictée aussi par le code pénal roumain (art. 144). Ainsi encore, la loi dispose que la chose confisquée sera remise à titre de réparation, à la partie lésée par le fait, comme nous le voyons dans le cas prévu par l'art. 429 c. p. fr. — art. 342 c. p. r. sur la contrefaçon artistique et littéraire.

Dans d'autres cas enfin, la loi, dans l'intérêt de la morale ou de la santé publique, ordonne la destruction des objets confisqués comme par exemple : les écrits ou les gravures contraires aux bonnes mœurs ; les comestibles gâtés, corrompus ou nuisibles. (art. 477 c. p. fr. — art. 391 c. p. r.).

D'après le résumé que je viens de présenter, on voit, qu'en législation, la peine de la confiscation spéciale fonctionne avec deux caractères distincts, savoir : a) ou avec le caracter *exclusive pénale* ; b) ou comme une *mesure de police.*

a). — Avec caractère exclusif d'une peine, la confiscation est édictée, par exemple pour les infractions, citées plus haut, de corruption de témoins ou de fonctionnaire public ; de recettes illégalement obtenues par un directeur de spectacle.

Donc, dans ces cas, il faut appliquer à la confiscation les règles propres aux peines savoir : 1° elle ne doit être prononcée que contre l'agent reconnu coupable de l'infraction et condamné ; 2° elle ne peut plus être prononcée après le décès du coupable (1). 3° enfin, si la confiscation porte sur le corps du délit, elle ne peut être exécutée que lorsque la propriété appartient au condamné. (art. 11 c. p. fr. — art. 37 c. p. r.).

1. Cependant si elle a été prononcée par une décision irrévocable, le délinquant ayant perdu la propriété de la chose confisquée elle peut être recouvrée contre les héritier.

b). — Avec le caractère d'une *mesure de police* ; nous avons indiqué que la confiscation est ordonnée dans l'intérêt de la salubrité physique ou morale de la société. Dans ces cas, sortant du cadre des peines proprement dites, elle peut être prononcée même dans les hypothèses suivants : après la mort du coupable, contre ses héritiers ; elle peut atteindre aussi les personnes seulement civilement responsables ; elle peut être prononcée même en cas d'acquittement ou absolution du délinquant, pourvu que le fait matériel de l'infraction soit constant ; et, avec cette dernière condition, elle peut être prononcée dans le cas où le délinquant est inconnu par exemple dans ls cas ou un délit de chasse ayant été commis, le délinquant s'est sauvé en laissant son fusil sur place, c'est-à-dire sur le lieu du délit.

E. — *Peines d'ordre moral*.

Dans cette catégorie rentrent les peines qui frappent le délinquant dans sa considération, (*existimatio*) dans son honneur ou dans sa réputation publique. Leur résultat et leur but sont donc d'humilier le condamné, soit devant la victime de l'infraction, soit devant la société qu'il a blessée par son fait.

Il est évident qu'une peine qui produit pareil effet, ne peut infliger un châtiment égal à tous ceux qu'elle frappe : Le sentiment d'honneur, d'ambition pour la considération sociale, est bien inegalement reparti entre les individus, quand il ne fait complètement défaut ; de sorte que, pour l'un elle ne constitue aucune souffrance tandis que pour l'autre elle peut avoir le défaut irréparable d'être destructive de la dignité humaine.

Ces vices suffisent pour obliger le législateur de n'admettre ces peines qu'avec une extrême réserve. Aussi, guidé par ces motifs, le législateur français n'a conservé dans son sytème pénal que deux mesures ayant le caractère de peines humiliantes savoir :

a). — L'appareil spécial ajouté au dernier supplice pour le crime de parricide, où le condamné à mort est conduit, sur le lieu de l'exécution, en chemise, nu-pieds, la tête couverte d'un voile noir, dans cet état, il doit rester, exposé sur l'échafaud, pendant la lecture, au peuple de l'arrêt de condamnation (1) (art. 13 c. p. fr.).

b). — On peut encore citer, comme rentrant dans cette catégorie, la publicité que la loi ordonne pour ous les arrêts portant condamnation d'une peine

---

1. On a souvent demandé la suppression de cet appareil : le projet de la loi proposée sous le ministère Dufaure et déposé sur le bureau de la Chambre le 20 mars 1879. (Exposé de motifs et texte. *Journ. off.* 3 avril 1879) Garraud. *traité t.* II. n° 29. Un projet de loi dans le sens de la suppression dont le Sénat a été saisi par M. Bardoux dans la séance du 10 juin 1884 ; a été repris et voté par le Sénat en 1894 ; mais la Chambre l'a repoussée dans la séance du 15 juin 1894.

criminelle ou d'autres qu'elle prévoit spécialement; et à cette fin, elle dispose que ces arrêts doivent être imprimés par extraits et affichés dans les localités qu'elles indique, (art. 36 c. p. fr.). La même disposition est édictée aussi par le législateur roumain (art. 34 c. p.).

Dans le code pénal françaisi l y a encore deux dispositions, relatives à l'amende honorable (art. 226. 227.) qui était très usitée dans l'ancien droit, mais ces dernières vestiges furent aussi supprimés par une loi du 28 décembre 1894.

En exposant d'une manière succincte, le système de peines adopte par la législation roumaine et par la législation française ; et en examinant chacune d'elles quant aux qualités et aux défauts qu'elles présentent au point de vue du but que la société poursuit par la pénalité, je peux conclure en disant que, considérés dans leur ensemble, ces sytèmes, en principe, répondent aux conditions nécessaires pour réaliser la fin que le législateur s'est proposé en l'organisant.

Mais, comme en pratique, le succès final dépend essentiellement du mode et du régime d'exécution de la peine, la question qui se rapporte à ce sujet, constitue le problème, très important, connu en doctrine sous le nom de problème pénitentiare, à l'étude duque j'ai consacré la deuxième partie de ma thèse, où je veux exposer les diverses solutions qui y ont été pro-

posées, et en examinant chacune d'elles, voir laquelle
semble avoir trouvé le mode le plus propre à rendre
à la peine son véritable effet salutaire et heureux pour
le plus grand bien de la société.

DEUXIÈME PARTIE

RÉGIME D'EXÉCUTION DES PEINES PRIVATIVES DE LI-
BERTÉ D'APRÈS LA LÉGISLATION ROUMAINE, COM-
PARÉE AVEC LA LEGISLATION FRANÇAISE ET DES
LÉGISLATIONS ÉTRANGÈRES.

CHAPITRE I

§ I. — *Aperçu historique sur le régime des prisons.*

L'idée dominante, voir même unique, qui se dégage
de toutes les anciennes législations pénales, est celle
que, la peine n'a d'autre but que d'infliger au coupable
un châtiment, de le faire souffrir, plus ou moins cruel-
lement, suivant la gravité du fait et surtout suivant les
principes qui ont servi de fondement au droit pénal au
cours de divers périodes qu'on remarque dans l'histoire du droit criminel. Comme était par exemple l'idée :
de la *vengeance privée*, pour les infractions contre les
particuliers ; de la *vengeance de la majesté divine*,
pour les crimes religieux ; de la *vengeance de la majesté humaine*, pour les crimes contre la personne du
souverain, sa famille, ou contre la sûreté de l'Etat. Alors
on ne se préoccupait point, si la peine frappait un dément
ou un individu à peine sorti de l'enfance ; on ne s'in-
quiétait non plus si elle atteignait, en dehors du vrai
coupable, aussi des innocents ; on faisait enfin le procès même au cadavre de l'agent.

Les juges d'alors, prononçaient les plus cruelles peines avec une sérénité de conscience comme s'il s'agissait pour eux d'accomplir un vrai devoir d'humanité.

La haine, la vengeance, les persécutions religieuses et politiques, étaient la source primordiale des incriminations pour frapper, les antagonistes, sans aucun scrupule et notamment avec des peines corporelles et pécuniaires; de sorte que, les prisons servaient le plus souvent, seulement comme première étape sur le chemin de la mort, partant leur organisation ne préoccupa personne, et sur leurs portes pouvait figurer sans démenti l'inscription « laisssez toute espérance » que Dante a inscrit à la porte des enfers.

Je répète donc, que l'unique but qu'on assignait alors à la peine, était d'infliger le coupable. La défense sociale était organisée au moyen de l'intimidation et nul ne songeait à l'amendement du délinquant. Aussi les prisons considérées exclusivement comme lieu de répression et d'infamie (1) étaient des taudis malpropres où les condamnés étaient entassées, privés de toute mesure hygiénique, entourés de toutes privations physiques; ce qui a fait dire à John Howard dans son livre publié, dans la deuxième moitié du xviiie siècle que « c'est seulement la pitié que les détenus lui ont inspirée qui l'a poussé à livrer son livre à la publicité ».

1. Comme le dit M. Bérenger (de la Drôme) dans son livre: *Des moyens propres à généraliser en France le système pénitentiaire*, 1837.

Au commencement du xviiie siècle naquit l'idée que le but de la peine n'est pas uniquement de réprimer, mais aussi d'amender le condamné. Alors se posa nécessairement la question de savoir, quel est le mode d'exécution qu'il faut organiser pour que la peine réalise ce double but. Question dont la difficulté se manifesta surtout quant aux peines privatives de liberté. Les résultats qu'on peut obtenir avec ces peines, peuvent, en effet, être plus ou moins satisfaisants, selon le régime de leur exécution dans les prisons, que le législateur doit organiser de manière que le but que la société recherche soit atteint. Car, nous avons vu que l'intérêt de la société exige que la peine soit non seulement répressive, mais en outre réformatrice ; et la justice enfin, commande, elle aussi, que la peine ne soit pas, elle-même, corruptrice, c'est-à-dire que le condamné ne sorte pas de la prison plus immoral et plus perverti qu'il était à son entrée. En un mot, que le criminel d'occasion ne devienne pas un criminel d'habitude.

De là aussi, la nécessité d'organiser les variétés d'emprisonnement et le régime de leur exécution, avec une sévérité graduée et proportionnée au degré de la culpabilité légale du condamné et à la gravité de l'infraction.

Toutes ces questions, constituent le problème pénitentiaire, qui a fait la préoccupation de tant d'hommes d'Etat, d'éminents juristes, sociologues, philantrophes etc. surtout à partir de la fin du *VXIII* siècle, et dont la solution est encore controversée de nos jours.

L'examen de ce problème je l'aborde maintenant en commençant par un résumé sur l'histoire du problème pénitentiare en Europe et aux Etats-Unis d'Amérique.

La première période de cette histoire se place au moment où la société commence à se pénétrer de l'idée sur le véritable but de la peine.

L'origine de cette idée est religieuse. En effet, c'est l'Eglise qui, la première a songé que *l'emprisonnement solitaire* aurait la vertu de réaliser ce but, en amenant aussi l'amendement du condamné. C'est elle qui tout d'abord a appliqué ce moyen à Rome en 1702, en établissant la première prison cellulaire, celle de Saint-Michel sur le portique de laquelle était gravée cette devise : « *Parum est cœrcere improbos pœna, nisi probos efficias disciplina* » qui est devenue celle de la science pénitentiare.

Mais c'est seulement vers la fin du xviiie siècle qu'on voit commencer le mouvement de la réforme pénitentiaire et les États d'Europe entrer dans cette voie.

Les États de Flandre, les premiers, font ériger à Gand, une maison de détention avec le régime d'isolement pendant la nuit et de travail en commun pendant le jour sous la loi du silence ; régime qui plus tard a servi de base à celui dit Auburnien, organisé dans une prison d'Auburn (Etat de New-York) où il fut appliqué à partir de 1820. J'examinerai en détail, plus loin ce régime.

Ensuite ce fut l'Angleterre qui commença la réforme sous l'inspiration de John Howard à qui appartient, et justement, la gloire de cette initiative dans laquelle il fut secondé par le distingué jurisconsulte William Blakstone et par Bentham. Il réussit à faire ériger, en 1785, le premier pénitencier à Glocester pour lequel le Gouvernement décréta l'emprisonnement avec régime solitaire (*solitary confinement.*)

Plus tard, par un décret de 1812, le gouvernement disposa l'établissement du pénitencier central à Milbank (Londres) capable de recevoir 1,200 détenus.

Ce mouvement passe et se poursuit avec un vif intérêt en Amérique, où Franklin fonda en 1785, la société de Philadelphie pour l'amendement des détenus, en préparant ainsi le terrain pour la réforme que l'Etat de Pensylvanie va organiser de 1786 à 1792, et qui s'étend et se perfectionne sous l'influence des Quakers.

Et bien que ce soit l'Europe qui puisse revendiquer l'initiative de la réforme pénitentiaire, cependant il faut reconnaître que c'est à l'Amérique que revient le mérite d'avoir développé et amélioré le système, de sorte que c'est ici que l'Europe doit venir plus tard, étudier les systèmes organisés dans les prisons de Philadelphie et d'Auburn.

En France, quoique ces innovations fussent connues, grâce à la publication que le duc de la Rochefoucauld-Liancourt fit en 1796, du récit de son voyage

en Amérique où il visita la prison de Philadelphie (1),
et que plus tard Bentham adressât un mémoire à l'Assemblée législative, en lui proposant d'organiser lui-
même une prison modèle ; cependant le législateur
français n'entra pas dans cette voie et n'accepta pas
'offre qui lui fut faite.

Nous voyons le code d'instruction criminelle de 1808
(art. 603, 604) disposer seulement une séparation pri-
mitive des condamnés et des inculpés dans des prisons distinctes, et la répartition de condamnés en trois
catégories d'établissements savoir : les bagnes, les maisons de force et les maisons de correction ; en consa-
crant ainsi, législativement, le régime en commun de
jour et de nuit.

A partir de l'an 1814, se dessine un mouvement pour
amener la France à s'engager dans la voie d'une réforme plus radicale.

Ainsi, nous voyons d'abord une ordonnance du 9 septembre 1814, décrétant la création, à Paris, d'une prison d'après le système Philadelphien. Mais cette disposition ne fut point exécutée. Ensuite une autre ordonnance du 2 avril 1817 réorganisant les maisons centrales. En 1819 une ordonnance du 9 avril dispose la
création d'une société royale de prisons et l'institution
de commissions de surveillance auprès des prisons
départementales.

1. *Les prisons de Philadelphie,* par un Européen 1793.

Une foule de publicistes, avec MM. Charles Lucas, et Bérenger (1) en tête, préparaient l'opinion publique en faveur de la réforme accomplie ailleurs, ce qui amena la nomination, par le gouvernement, des commissions officielles données, à MM. de Beaumont et de Tocqueville en 1831, à M. Blouet, architecte, et M. Demetz, en 1837, chargés de la mission d'aller en Amérique pour étudier les pénitenciers d'Auburn et de Philadelphie (2).

En 1840, enfin, un projet de loi fut présenté au nom du Gouvernement. Ce projet qui, entre autres dispositions, organisait aussi un régime pénitentiaire reposant sur le système Auburnien, fut adopté par la Chambre des députés le 18 mai 1848 à la suite des deux rapports de M. de Tocqueville. Il allait être adopté aussi par la chambre des pairs sur le rapport de M. Bérenger, lorsque la Révolution éclata et arrêta la réforme tant désirée.

Cependant tous ces efforts ne restèrent pas sans porter quelques fruits. Ainsi, avant même que la loi fut

1. Ch. Lucas. *De la réforme des prisons ou de la théorie de l'emprisonnement* 1836-1838, 3 vol. *Du système pénal et du système répressif en général et de la peine de mort en particulier* 1827. —Bérenger. *Des moyens propres à généraliser en France le système pénitentiaire,* 1837.

2. De Beaumont et A. de Tocqueville ; *Du système pénitentiaire aux Etats-Unis et en France* 1832. Demetz et Blouet. *Rapport sur les pénitenciers des Etats-Unis,* 1839.

votée par les députés, le gouvernement fit construire
à Paris deux prisons cellulaires, celle de la Roquette
pour les jeunes détenus et celle de Mazas pour les inculpés.

Il avait aussi ordonné la reconstruction ou la transformation des prisons départementales pour y appliquer
le régime cellulaire.

Pendant ce temps, dans les autres Etats du conti-
nent : En Suisse, en Suède, en Norvège, en Prusse, en
Allemagne, dans le Danemark, la Toscane, les Pays-
Bas, etc., le progrès du système pénitentiaire poursuit
sa marche à grands pas, tandis qu'en France une
sorte de réaction suit la Révolution de 1848 et se
manifeste par deux faits qui entravent pour longtemps
encore la réforme commencée. C'est d'abord une cir
culaire du 17 août 1853 par laquelle M. de Persigny,
ministre de l'intérieur, déclare que le gouvernement,
pour des motifs budgétaires, renonce à introduire le
régime cellulaire dans les prisons, et que celles-ci seront organisées et aménagées pour y appliquer le système de séparation par quartiers. Vient ensuite la loi
du 30 mai 1854 qui dispose que, les condamnés aux
travaux forcés seront transportés aux colonies pénitentiaires, et organise cette mesure d'après un système
dit progressif où la peine commence à être appliquée
dans son maximum d'intensité, pour être dans la suite
progressivement atténuée, en proportion de l'amendement du condamné.

Il est à remarquer que, à la même époque, en Angleterre, commence un revirement contre la transportation, et on lui substitue la servitude pénale (*Hard Labours*), organisée d'après le système dit Irlandais, appliqué pour la première fois en Irlande, et qui consiste dans une série d'épreuves auxquelles le condamné est soumis ; nous y reviendrons avec détails.

Le système de simple séparation par quartiers, dura en France jusqu'en 1875, quand une loi du 5 juin mit en œuvre le régime cellulaire, dont le triomphe est justement dû à M. d'Haussonville qui, grâce à son énergique initiative, décida l'Assemblée nationale, en 1872, d'ordonner une vaste enquête sur le régime des prisons (1) qui eût pour résultat l'organisation législative du régime de séparation individuelle applicable aux inculpés, prévenus et accusés (art. 1er loi 5 juin 1875) et aux condamnés à la peine d'un an et un jour et au-dessous (art. 2 ibid).

Depuis 1875 jusqu'en 1899 un certain nombre de cellules 5975 ont été construites dans 36 prisons départementales transformées à cette fin. Il en résulte donc que, dans le reste des 395 prisons départementales que la France possède, c'est toujours le régime de séparation par quartiers, avec la promiscuité des détenus pour et nuit qui est appliqué.

1. Le rapport de M. d'Haussonville sur cette enquête, constitue l'ouvrage intitulé : *Les établissements pénitentiaires en France et aux colonies*. (Paris 1875).

En Roumanie, pour rendre une idée exacte de ce que furent les prisons, il me faut diviser l'exposé historique de ce sujet, en cinq périodes dont chacune marque une étape vers l'amélioration du régime auquel les détenus étaient soumis.

Histoire des prisons en Roumanie.

Première Période.

Depuis les temps les plus reculés jusqu'en 1786.

La période qui correspond à cette intervalle de temps, ne se manifeste par aucune organisation morale ou humanitaire, dans le régime auquel les détenus étaient soumis dans les misérables établissements-prisons.

Pour les grands criminels, à qui le souverain faisait parfois grâce de la vie, il y avait les cavernes salines abandonnées où on les enfermait jour et nuit, en les abandonnant à leur sort, privés de tous soins et souvent même de la nourriture qu'ils n'attendaient que de la charité publique.

En dehors des salines, les autres prisons, espèces de souterrains pratiqués sous les bâtiments de la résidence du souverain, servaient pour toutes sortes de malfaiteurs jusqu'à leur jugement, qui finissait généralement par une peine corporelle ou pécuniaire ou la peine de la saline. On y enfermait surtout les boyards, coupables ou soupçonnés d'avoir comploté contre la

vie du souverain et d'où ils ne sortaient que pour
être exécutés.

Les prisons dans les villes, étaient des locaux construit_s
grossièrement avec des solives ou des pierres brutes,
dans l'intérieur desquels était pratiquée une profonde
fosse où les condamnés était entassés, privés de lumière,
et dans une atmosphère pestilentielle. Mais, comme le
système pénal d'alors se composait, en grande partie, de
peines très cruelles qui consistaient surtout en afflic-
tions corporelles, le séjour dans ces prisons était généralement de courte durée et presque toujours suivi
promptement de la peine de mort, ou d'une mutilation
quelconque, ou enfin d'un transport dans les salines.

Une image bien fidèle, de l'état de nos anciennes
prisons, nous est rendue par la description suivante
du chroniqueur Nicolaë Musté, relative à une église
érigée à la porte de la demeure du prince, pendant le
règne de Stephan IX Tomsa Voïevod, de Moldavie
(1611-1615). Voilà ce qu'il dit : « Il y avait aussi une tour
en avant ayant la forme d'un clocher, et sous cette tour
était le trésor, et sous le trésor la prison dans laquelle on
enfermait les brigands et assassins. C'était chose fort
horrible de voir sous l'Eglise, maison de Dieu, la prison des brigands. Mais aussi cette tour n'était-elle pas
destinée aux affaires de l'église, et elle était le signe
de la mort ; car celui des boyards (1) qui se trouvait

1. Ainsi on nommait en Roumanie ceux qui appartenaient à la
classe noble du pays.

accusé de quelque méfait à l'égard du Voïvod, s'il était pris, dans cette tour on l'enfermait. Nous pourrons dire qu'elle ressemblait à l'Edicule qui est à Tzarigrad (1), et comme ceux qui, chez les Turcs, sont renfermés dans l'Edicule n'ont plus d'espoir de vie, pareillement dans notre pays était cette tour de l'Eglise de la Cour souveraine ».

Le même chroniqueur nous dit encore que le prince Michaël Racovitza (de Moldavie), dans la première année de son règne (1703-1705), ordonna la démolition de la tour.

Avant de finir avec cette première période, je dois citer une disposition émanant du prince Constantin Mavrocordate I de Valachie (1730-1733 et pour la 2ᵉ fois de 1744-1748) concernant les femmes d'une certaine catégorie. Il ordonna qu'elles fussent renfermées dans le réduit d'un bâtiment dépendant de l'église métropolitaine de Bucarest, où elles vivaient de la charité publique et ne sortaient de là que délivrées par la mort ou encore par le mariage.

En résumé, pendant toute cette longue période, aucune mesure ne fut édictée pour améliorer l'existence des détenus, qu'on considérait alors comme indignes de toute miséricorde humaine.

1. Ainsi on nommait Constantinople.

Deuxième période.

DE 1786 à 1831.

Vers la fin du XVIIIe siècle, commença le réveil de quelques sentiments plus humanitaires pour le sort des détenus.

Le premier des souverains qui entra dans cette voie de réforme, fut le prince Nicolaï Mavrogheni de Moldavie (1786-1789). Parmi ses dispositions à cet égard, nous voyons d'abord qu'il ordonne que, dorénavant les femmes ne doivent plus être détenues dans la même prison que les hommes. Que dans les lieux où il n'y aura pas de prison pour femmes, elles ne pourront être détenues que « chez un homme honorable et marié, si le maire du village n'est pas marié » (1).

Ensuite, par une circulaire qu'il adresse aux Ispravnics (2), il leur ordonne que les malfaiteurs ne soient pas détenus plus de 3 ou 4 jours dans les maisons d'arrêt, afin de hâter leur jugement pour être condamnés ou relâchés.

Sous le règne du prince Michaïl Soutzou de Valachie (1783-1786 et pour la seconde fois de 1801à1806

---

1. Grégoire Dianou. *Histoire des prisons en Roumanie.* Bucarest 1900.

2. Fonction administrative confiée aujourd'hui aux Préfets des districts.

des progrès furent aussi réalisés dans les prisons de ce pays à l'égard du régime des détenus. D'abord il ordonna aux administrateurs des salines de ne plus recevoir ni libérer aucun condamné sans son ordre personnel (1).

Ensuite, nous voyons encore une disposition par laquelle il remet en vigueur une mesure déjà ordonnée par son prédécesseur, le prince Alexandre Morouzi, (1799-1801) relative à la libération sous garantie de certains condamnés détenus, après une enquête démontrant que l'individu n'est pas dangereux pour la sûreté publique ; ceux qui restèrent détenus furent soumis à toute espèce de travaux publics, pour gagner leur nourriture et subvenir aux dépenses de leur entretien.

Comme mesure de précaution contre l'évasion, les détenus étaient entravés par des boulons lourds en bois.

Pendant cette période, un commencement d'amélioration se manifeste aussi quant aux prisons même, et au traitement plus humain des condamnés. Ainsi nous voyons que six prisons principales furent construites en Valachie, ainsi que plusieurs prisons de district. En Moldavie, de même, on commença à construire de pareilles prisons. Ces établissements contenaient une ou plusieurs chambres, chacune pour un nombre de 40-50 détenus qui couchaient par terre sur des nattes de jonc

____

1. V. A. Urechiă. *Histoire de Roumanie.*

et les pieds enfermés dans des boulons, en bois dur et lourd.

Dans chacune de ces prisons il y avait aussi une chambre réservée comme infirmerie pour les malades ; pendant la nuit ils étaient aussi attachés dans un long boulon en bois.

L'uniforme des condamnés n'était pas déterminé, il consistait d'ordinaire en un long veston et un pantalon en gros drap de laine ; la chaussure était, la chaussure traditionnelle du paysan roumain, c'est-à-dire une espèce de sandales en gros cuir et la coiffure un bonnet en peau de brebis.

L'alimentation n'était pas non plus réglementée. Les condamnés devaient travailler pour y subvenir, ou se contentaient d'une nourriture absolument insuffisante, qui leur était donnée par l'administration, à laquelle venait quelquefois s'ajouter celle fournie par la charité publique.

Troisième période.
De 1831 a 1862.

Avec la mise en vigueur du règlement organique dans les deux pays, Valachie et Moldavie (1), dont la réunion sous le nom de Roumanie fut accomplie en l'an 1859 une nouvelle ère de réforme et d'amélioration s'ouvre

. 1. Le Règlement Organique fut appliqué en Valachie dès l'an 1831 et en Moldavie un an plus tard (1832).

pour la plus grande partie des institutions de l'Etat et aussi pour les prisons.

Conséquemment aux dispositions contenues dans le dit règlement, concernant le service des prisons, les Assemblées générales prirent plusieurs décisions relatives au droit pénal, en établissant en même temps, un règlement spécial pour les prisons et leur organisation.

Voilà dans leurs lignes générales, les mesures édicées par ce règlement :

En Valachie, il y eut six prisons dites principales et quatorze prisons de district, construites pendant la période précédente. Deux des prisons de la première catégorie, étaient établies auprès des deux salines du pays (Téléga et Ocncle-Mari) (1) et étaient destinées aux condamnés aux travaux forcés. Deux autres, toujours principales, (à Giurgiu et à Braila) étaient destinées aux condamnés aux travaux publics (réclusion); et enfin les deux dernières, établies l'une à Bucarest et l'autre à Crajova, servaient pour les correctionnels.

Les 14 prisons de district étaient destinées aux condamnés à des peines correctionnelles à un an et au-dessous.

Les condamnés à des peines de police étaient déten s dans une salle aménagée auprès de chaque tribu-

1. Ocncha-Mari veut dire les Grandes-Salines.

nal de première instance, et la surveillance en était
attribuée au chef de la police de la ville.

Près de chaque administration de district, il y avait
aussi une chambre destinée aux condamnés à des peines allant jusqu'à trois jours de prison.

Le règlement précité établit, la distinction des prisons au point de vue du sexe, et dispose en outre que les
deux prisons principales de Bucarest et de Crajova
comme aussi les 14 prisons de district, seront divisées
par quartiers pour les condamnés et prévenus, de sorte
que chacune de ces prisons, comprenait d'abord deux
sections principales quant aux sexes, et ensuite chaque section était divisée en deux quartiers pour la répartition des condamnés et prévenus.

Dans chaque établissement — prison, il devait y
avoir, en dehors de chambres destinées aux détenus
comme dortoirs, quelques petites cellules pour enfermer disciplinairement les détenus refractaires aux
règles d'ordre et de discipline ; ensuite une infirmerie
et une chapelle.

Le règlement disposa encore que toutes ces constructions nécessaires à la séparation prescrite des détenus, cellules, infirmeries, etc, devaient être ache-
vées, d'après un plan arrêté, dans l'intervalle de temps
de 1833 à 1836. Mais ces dispositions restèrent lettre
morte, et plusieurs prisons, faute d'entretien, tombèrent en ruine, de sorte qu'on fut obligé de transférer
et de renfermer les condamnés dans des monastères

dont quelques-uns étaient déjà affectés, soit à l'exécution des peines politiques dont les condamnés étaient
« relégués ici pour se repentir de leurs méfaits », soit
pour les femmes condamnées à perpétuité ou à temps.
Leur surveillance incombait à l'administration des prisons, et l'entretien à l'Etat (1)

Le service médical dans les prisons était fait par le
médecin d'arrondissement.

Le service religieux était confié à un prêtre « choisi
parmi les plus instruits », qui était obligé d'accomplir
le service divin et en même temps de faire des prédi-
cations morales.

Le règlement s'occupait aussi de la comptabilité des
prisons, de l'incarcération et de l'entretien des détenus. Quant au traitement physique, le règlement contenait les dispositions suivantes : « Aux coupables enfermés dans les prisons, de même qu'a ceux enfermés
dans les salines, il sera donné à chacun : par jour, au
moins une demi oca (635 grammes) de pain, une soupe;

1. Un monastère nommé Arnota (construit sous le règne du
prince Mathieu Bassarab Voëvode de Valachie (1633-1654) fut
destiné et aménagé sous le règne d u prince Barbou Demetre Stir
bey (1849-1856) pour enfermer ici les boyards coupables d'avoir
« troublé la paix du souverain ». Il est à remarquer que ce fut
dans cette prison que le régime cellulaire fut pour la première
fois appliqué. Il y avait huit cellules assez spacieuses et hygiéniques, six étaient destinées pour les nobles de premier rang et les
deux autres pour ceux de rang inférieur.

et par semaine une demi oca de fromage ou, pendant les jours maigres, des légumes ». On permettait aux particuliers d'apporter leur aumône en nourriture, et l'habitude était qu'à certains jours de fête, on mettait de l'argent dans les troncs destinés aux emprisonnés.

Quant au vêtement, bien que le règlement l'eût prévu, rien de précis à cet égard n'était arrêté ou organisé.

Plus tard, une disposition spéciale détermina la forme et l'assortiment du costume des détenus, qui devait se composer des effets suivants : Un veston et un pantalon en gros drap; une paire de sandales en gros cuir et un bonnet en peau de brebis. Comme linge, un détenu recevait deux chemises et deux caleçons en grosse toile.

L'état déplorable de nos prisons pendant cette période, et du régime d'exécution des peines d'emprisonnement dépourvu de tous les principes que le progrès réclamait dans l'intérêt social, et qui ailleurs, depuis longtemps déjà, était l'objet de vives discussions, mais que nos hommes politiques ignoraient encore, étant absorbés par d'autres questions plus importantes pour la vitalité de notre pays, réclamait impérieusement une réforme radicale qui s'imposait sans retard. Cependant, même dans ces temps d'agitation qu'une période de réaction et d'évolution politique amène, notre législateur profita de chaque instant d'accalmie pour se consacrer à des réformes que l'état de progrès intellectuel et de civilisation réclamait pour toutes les institutions sociales parmi lesquelles les prisons ne furent pas oubliées.

En Moldavie comme en Valachie, ce fût à partir de l'application du Règlement organique, que commença un mouvement en faveur de la réforme des prisons et du régime des détenus.

Quant aux établissements qui servaient de prisons, ils étaient dans un état plus que misérable, c'était comme en Valadie, de véritables lieux de torture pour les détenus.

Ces prisons étaient au nombre de 16 dont trois principales et 13 de district. Les trois de la première catégorie étaient établies, deux à Jasi, capitale du pays, et une auprès de la saline de Tîrgou-Ocna pour les condamnés aux travaux forcés.

Cet état de choses dura en Moldavie jusqu'à l'avénement du prince souverain Grégoire Ghica (1849-1856) qui, ému des souffrances que les condamnés enduraient dans ces bouges de prisons, privés des plus élémentaires principes d'hygiène, résolut d'introduire une réforme salutaire et humanitaire, et, à cette fin, invita le département des travaux publics à lui présenter un rapport détaillé sur l'état de toutes les prisons.

Ce rapport qui porta le n° 95 du 11 janvier 1850, lui fut présenté, et dans la séance qu'il présida le 29 ma-1850, les désidérata que le rapport contenait, furent discutés et le souverain y appliqua la résolution approbative conçue dans les termes suivants : « Il est approuvé la construction de sept pénitenciers de district d'après le plan annexé au rapport, mais dont les dimensions seront observées seulement pour le pénitencier dans la capitale du pays, et réduites pour les autres en proportion du nombre moyen de détenus (1) et construites avec toute la solidité nécessaire. Pour les autres 6 prisons de district, elles seront soumises aux réparations nécessaires jusqu'à leur réfection à neuf » (2).

Pendant ce temps, les condamnés aux travaux forcés étaient toujours oubliés dans les profondeurs de la saline et leur sort ne devait s'améliorer que quelques années plus tard. A cet effet, le même souverain, par un décret n° 46 du 3 juillet 1851, dispose qu'une prison sera construite expressément pour les condamnés dans la saline.

Voilà en quels termes ce décret est conçu : « Animé d'un sentiment philanthropique, pour les malheureux qui se trouvent condamnés à la fosse des salines, dont la souffrance, pendant des siècles, a été étouffée dans les profondeurs et les ténèbres de la terre, sans jamais

1. L'économie du plan reposait sur le système de la séparation des détenus par quartier d'après leur sexe, et ensuite en section pour les condamnés distincts des prévenus. Dans la section pour les prévenus on pouvait enfermer aussi les condamnés pour dettes et ceux condamnés à de courtes peines de police pour contraventions.

2. Manuel administratif de la Principauté de Moldavie, n° 144.

pouvoir se réjouir de l'éclat du jour et de la pureté de
l'air, qui sont le rêve de tout homme, privations qui
leur causent souvent de graves maladies et même la
perte de la vie. Je suis arrivé à penser à alléger leur
triste sort, ainsi qu'il est permis de le faire à l'humanité sans affaiblir l'efficacité des lois à l'égard de
ceux qui sont lourdement coupables envers la société ;
par conséquent, pour arriver à ce résultat, nous trou-
vons convenable qu'on établisse, avec les revenus du
département des travaux publics, une prison solide,
entourée de murs, dans le voisinage de la saline, qui
servira aux coupables pour la nuit, et pendant le jour
ils seront descendus dans la saline pour y travailler
suivant l'usage.

Donc, notre conseil chargera le dit département,
etc. » (1).

Les travaux, d'après un plan effectué en 1852, furent commencés en 1854 et la construction du pénitencier de Tirgou-Ogna, destiné aux condamnés à la peine
des travaux forcés, fut achevée vers la fin de 1855, et
dans la journée du 25 janvier 1856, les condamnés,
extraits de la fosse de la saline, au nombre de 68, y
furent installés.

Ce pénitencier, qui aujourd'hui encore a la mêm
destination, où je fus moi-même fonctionnaire adminis

---

1. *Manuel administratif de la principauté de Moldavie*
n° 418.

tratif, sauf le défaut du régime en commun, réunit toutes les qualités d'un établissement salubre, assez spacieux, et solide ; ayant toutes les dépendances nécessaires, comme : infirmerie, chapelle, cellules disciplinaires, etc.

Au point de vue du traitement physique et de l'entretien des détenus, aucune disposition n'était règlementée ; en Moldavie comme en Valachie, souvent la nourriture, strictement nécessaire pour vivre, manquait aux détenus, et c'est généralement grâce a la charité publique qu'ils avaient de quoi ne pas mourir de faim. Un pareil état de misère, ou à peu près, régnait aussi dans la prison de la capitale Iasi même jusqu'en 1833 quand un décret du 18 octobre édicte une série de règles concernant la nourriture, l'habillement, l'éclairage et le chauffage dans les prisons du pays.

Comme nourriture, le dit décret disposait que chaque détenu recevrait journellement, deux pains, environ 300 gr. de viande, des pommes de terre ou d'autres légumes et l'oignon et le sel nécessaires.

Le vêtement se composait, comme en Valachie, d'un long veston et d'un pantalon en gros drap ; la chaussure traditionnelle (sandales) en gros cuir ; et la coiffure, un bonnet en peau de brebis.

Les dispositions énumérées, restèrent en vigueur dans les pénitenciers de la Moldavie, même après la réunion des deux pays en 1859 et jusqu'en 1862 quand un nouveau réglement général fut élaboré et appliqué à toutes les prisons de Roumanie.

Quatrième Période

De 1862 a 1874

Tout ce qui a été fait jusqu'ici sur le terrain du problème pénitentiaire, se résume en quelques améliorations partielles mais sans aucun système rationnellement organisé. A partir de l'an 1872 une réforme plus sensible et méthodique devait s'opérer. A cette fin, un décret n° 630 du 11 août 1862 approuve et met en vigueur un règlement général applicable à partir du 1er octobre de la même année. Ce règlement organise tout le service de prisons en unifiant les deux administrations jusqu'alors distinctes dans les deux pays. Quant au système pénitentiaire, il décidait que successivement, on introduirait le régime de séparation par quartier entre les sexes et entre les condamnés et prévenus qui, je l'ai dit, était déjà appliqué depuis quelques années en Moldavie, avant la réunion.

D'après le système de peines alors en vigueur, les pénitenciers étaient classés en six catégories savoir :

1° préventifs ; 2° correctionnels, pour les condamnés de 6 jours à deux ans d'emprisonnement; 3° de *réclusion dure* pour les condamnés aux travaux forcés à vie ou à temps ; 4° de *réclusion plus légère* pour les condamnés à des travaux publics ; 5° Correctionnels pour les mineurs agés de 8 à 20 ans ; 6° de réclusion pour les femmes, où étaient détenues celles condamnées à toutes les catégories de peines.

Les prisons pour les prévenus étaient séparées en deux sections, une pour chaque sexe ; celle pour les hommes était encore séparée en trois quartiers distincts : pour les prévenus, pour les condamnés correctionnellement jusqu'à 6 mois, et pour les passagers.

Outre les prisons proprement dites, il y avait encore plusieurs établissements pour la détention : 1° des hommes infirmes et mendiants ; 2° des femmes de la même catégorie ; 3° des mendiants valides ; 4° des mineurs orphelins, dont le régime avait pour base le travail et la colonisation agricole.

La subsistance et l'habillement sont maintenant uniformément réglementés : La nourriture journalière d'un détenu se composait de : 900 gr. farine de maïs pour préparer la polenta, qui tient lieu de pain qu'on ne distribuait que dans les jours maigres en quantité de 1200 g. par détenu ; 300 gr. de viande ou 150 gr. de fromage ou la même quantité de lard préparé avec des légumes. Pendant le carême, la viande était remplacée par du poisson salé préparé avec différents légumes secs.

Comme vêtement, les condamnés correctionnels et les réclusionnaires légers, avaient un long veston et un pantalon en gros drap gris de laine, un bonnet en pareille étoffe, qui devaient servir trois ans. Chaque année ils avaient droit, à trois paires de sandales en gros cuir. Comme linge, chacun de ces condamnés recevait, annuellement, une chemise et un caleçon en grosse toile. — Les condamnés aux travaux forcés recevaient en plus, par an, une chemise et un caleçon, et leurs vêtements étaient confectionnés en drap blanc et portaient le numéro matricule du condamné sur une bande rouge.

Les femmes condamnées recevaient : deux chemises, deux paires de bas, un mouchoir de tête, un jupon et un veston en drap, une paire de souliers en cuir.

Les dortoirs étaient meublés avec de grands lits en bois où les détenus couchaient en commun, ayant chacun une paillasse, un traversin en paille et une couverture en laine. Les condamnés aux travaux forcés couchaient sur des nattes en jonc.

Pour les malades, dans chaque prison, était installée une salle d'infirmerie ; le service médical était fait par un médecin, chargé en même temps de surveiller l'état hygiénique du pénitencier ; et le service religieux officié par un prêtre.

En ce qui concerne le régime moral et la discipline des détenus, le règlement organisait : le travail en commun, l'instruction élémentaire et l'éducation religieuse et morale ; et des peines disciplinaires pour l'amendement des réfractaires aux règles d'ordre et de discipline.

La punition disciplinaire consistait, suivant la gravité de l'infraction, en : 1° l'interdiction de recevoir la visite des membres de sa famille ; 2° l'interdiction de correspondre avec les siens ; 3° l'interdiction de la promenade et de la récréation ; 4° l'interdiction de travailler ; (ce qui l'empêchait de gagner les moyens de se procurer un adoucissement dans la nourriture). 5° l'interdiction de fumer ; 6° la réduction à un seul repas ; 7° la réduction de la nourriture à la polenta et à l'eau ; 8° la cellule avec ou sans travail ; 9° la cellule obscure et solitaire ; 10° les fers aux pieds et aux mains.

Ces punitions pouvaient être combinées d'après la gravité de l'infraction, et en cas de non amendement ou dans des circonstances qui exigeaient une correction plus intimidante, « le directeur, sur sa responsabitité, appliquait aussi d s coups de verges ».

Le condamné, arrivé à l'âge de 70 ans, était exempt de l'obligation du travail. Tous les autres étaient assujettis aux travaux organisés dans la prison.

Sur le produit du travail, l'Etat percevait une part dont la quotité variait suivant la catégorie pénale du condamné. Ainsi : 4 dixièmes pour les travaux forcés à perpétuité ou à temps ; 3 dixièmes pour les réclusionnaires, les correctionnels et les femmes de toutes les catégories.

Les dixièmes restants, appartenaient aux condamnés ; la moitié de cette quotité formait la partie ou le capital disponible, avec lequel le condamné avait la faculté de se procurer quelques adoucissements, l'autre moitié, formait le fond de réserve qui lui était remis à sa libération.

Les condamnés mineurs, recevaient, à leur libération, une somme d'argent proportionnée au travail qu'ils avaient fourni pendant la dernière année de leur détention et en rapport avec la conduite et l'âge de chacun.

L'entretien de toutes les prisons principales ou de district, était, d'après le règlement, à la charge de l'Etat.

Le personnel d'administration pour chaque pénitencier se composait : d'un directeur, d'un greffier-comptable, d'un registrateur, d'un médecin, d'un prêtre et d'un nombre de trois gardiens pour cent détenus.

Telle était la première organisation créée par le règlement de 1862, qui resta en vigueur et fut appliqué jusqu'en 1874.

On serait tenté de croire que les résultats moraux obtenus pendant cette période, devraient être de beaucoup plus satisfaisants que pendant la période précédente, mais l'expérience démontra que l'état resta stationnaire. Car, en dehors des améliorations apportées au point de vue hygiénique des locaux et du traitement physique des détenus, aucun progrès au point de vue du régime moral n'a été réalisé.

Le travail, ce facteur indispensable à l'amendement du condamné, était défectueusement organisé et négligé. Ainsi nous voyons que, les quelques ateliers établis par le règlement dans les pénitenciers et qui étaient

au nombre de neuf, savoir : un atelier de cartonnage,
un de reliure, un de tannerie, un de travail en cuir,
un de cordonnerie, un de corderie, un de filature, un
de chaussures, enfin un où l'on exerçait les trois métiers de menuiserie, de serrurerie et de forge ; au lieu
d'être perfectionnés et leur nombre augmenté on
les négligea, et un à un ils furent supprimé jusqu'à
deux qui continuèrent à fonctionner et à progresser et
existent aujourd'hui encore dans un état florissant.

En résumé donc, nous voyons que, durant cette période, on ne s'était pas encore affranchi de l'idée que
la peine ne doit pas être établie dans le but unique de
réprimer le condamné ; mais qu'il faut aussi l'organiser
à l'aide du travail systématique, régulier et constant
de manière que, en le complétant avec une instruction
et une éducation intellectuelle et morale, on réalise en
même temps l'amendement du condamné. Ce progrès
à accomplir, devait être réservé à la période suivante
qui la réalisa, au moins législativement.

Cinquième Période

DE 1874 JUSQU'A NOS JOURS.

Pénétré de la défectuosité du système d'emprisonnement dans nos établissements pénitentiaires, et de
l'inefficacité du régime qui y était appliqué ; et s'apercevant que des résultats satisfaisants sont obtenus

chez d'autres nations qui se sont livrées à de profondes études sur le problème pénitentiaire, et ont organisé et appliqué des régimes ayant pour fondements les vrais principes dont le but est à la fois de réprimer et corriger le détenu ; le législateur roumain décida une nouvelle organisation des prisons et l'établissement d'un régime scientifique et rationnel. Aussi par le message de l'ouverture des corps législatif pour la session d'octobre 1871, le souverain annonce aux chambres, qu'un projet de loi leur sera présenté, pour la réorganisation du service pénitentiaire et pour l'application du régime cellulaire mixte et la création d'un pénitencier pour les condamnés mineurs.

En 1873, le message du 15 novembre pour l'ouverture de la session législative ordinaire, dans la partie concernant le service pénitentiaire, disait que : « En ce qui se rapporte aux services des pénitenciers, le gouvernement attend la loi sur le régime des prisons, ainsi que la délibération sur les moyens à employer pour les constructions indispensables ».

La loi sur le régime des prisons fut votée dans la même session et sanctionnée par le décret n° 169 du 26 janvier 1874.

La même année, conformément à la disposition contenue dans l'article 4 de cette loi, furent élaborés par le ministère de l'intérieur, trois règlements généraux, approuvés par les décrets n°s 1001, 1002 et 1003 des 7 et 8 mai 1874, savoir :

1° Règlement général pour les prisons préventives.

2° Règlement général pour les pénitenciers centraux.

3° Règlement général pour la maison centrale de correction des mineurs.

La loi citée dispose que, les prisons se distinguent en deux catégories générales : les uns pour les prévenus, les autres pour les condamnés. Ensuite que, les premiers se divisent encore en : 1° prisons préventives pour délits, et 2° prisons préventives pour crimes, mais que rien ne s'opposait à ce qu'elles soient dans le même établissement, pourvu seulement que la séparation soit observée.

Elle dispose aussi que, les prisons pour les condamnés, afin de correspondre aux catégories des peines édictées par la loi pénale, soient divisées en : 1° prisons pour les peines correctionnelles, 2° prisons pour la réclusion, 3° prisons pour la détention, 4° prisons pour les travaux forcés. Enfin que les condamnés à des peines de police pourront les subir dans les prisons préventives (art. 1er).

L'article 2 dispose que toutes les prisons seront divisées en sections distinctes, savoir : pour les hommes, pour les femmes, pour les majeurs, pour les mineurs ; de sorte que toute promiscuité soit rendue impossible. Le régime dans chaque section sera celui de travail en commun pendant le jour, sous la loi du silence ; et de séparation dans des cellules individuelles pendant la nuit.

L'art. 5 est relatif à l'organisation des commissions de surveillance et à l'admission des sociétés particulières de patronage pour contribuer à la réforme morale des condamnés ; mais ni l'une ni l'autre de ces institutions n'a été organisée jusqu'à présent.

Par ce que je viens de dire, on voit que notre législateur a adopté le régime dit Auburnien.

Mais, toutes les dispositions concernant l'organisation et l'application de ce régime, sont restées sans aucune exécution, de sorte qu'aujourd'hui encore, sauf quelques exceptions que j'indiquerai plus loin, dans nos prisons, c'est toujours le régime en commun de jour et de nuit qui y est pratiqué.

§ II.

Maintenant, je passe à l'exposé du mode d'exécution des peines privatives de liberté, édictées par la législation pénale roumaine et par la législation pénale française, ensuite à l'exposé du régime auquel les condamnés sont soumis pour l'exécution de ces peines au point de vue du travail, de la discipline, de l'instruction et de l'entretien physique.

En Roumanie.

Dans notre pays, la question de savoir lequel des deux principaux procédés proposés pour la solution

du problème pénitentiaire ; c'est-à-dire celui d'emprisonnement (système pénitentiaire proprement dit) ou
celui de la déportation, n'a pas pu se poser faute de
posséssions coloniales, ce qui est, je l'ai dit, un réel
dommage pour nous, car ce serait un moyen infaillible
d'enrayer la criminalité, en général, et la récidive en
particulier. Donc c'est le système d'emprisonnement
sur le territoire, qui exclusivement devait préoccuper
notre gouvernement.

Aussi c'est celui qui a été adopté, et dont je veux
exposer le mode d'organisation comme il est édicté par
la loi de 1874 et comme il est appliqué en pratique
pour chacune des peines privatives de liberté: savoir
a) les travaux forcés à perpétuité et à temps ; *b*.) la
réclusion *c*); l'emprisonnement correctionnelle.—Quant
à l'emprisonnement de simple police, je veux tout d'abord en dire quelques mots avant d'aborder l'exposé
des autres peines qui exigent, vu leur importance, un
développement plus détaillé. Ainsi, conformément à
l'art. 39 de la loi sus-citée et l'art. 5 du règlement pour
les prisons préventives, la peine d'emprisonnement
de police peut être exécutée : soit dans un local spécialement affecté à cette fin, soit dans une prison de prévention. Les condamnés ne sont soumis à aucune sorte de travail, ils ne portent pas le costume des prisons, et ils peuvent être autorisés à se procurer les
aliments du dehors avec leurs propres moyens.

a. — Mode d'exécution de la peine de travaux for-

cés à perpétuité et à temps. — L'art. 10 de la loi de 1874, dispose que : « ces peines seront exécutées dans des établissements spécialement créés et destinés comme prisons de travaux forcés. Pareilles prisons seront établies auprès des salines en exploitation, des mines, de ports ou autres établissements de travaux publics ».

L'art. 11 dit : les condamnés seront enfermés séparément dans des cellules, assez spacieuses, salubres et bien aérées. Qu'ils seront employés a l'extraction du sel et pendant le travail, soumis à la loi du silence qui est de rigueur. Les condamnés, dans les dernières années de leur peine, pourront être autorisés à s'appliquer à l'aprentissage d'un métier quelconque déterminé par le règlement général.

L'art. 12 contient les dispositions à l'égard du produit du travail et dit que : ce produit appartient de droit à l'Etat, mais qu'une part qui ne pourra dépasser 3 dixièmes pour les forçats, sera laissée à leur profit. La moitié, au plus, de cette part, leur servira pour adoucir leur existence dans la prison, dans les limites permises par le règlement ; l'autre moitié sera mise en réserve pour former une masse, qui leur sera remise à leur libération.

b. — *La peine de la réclusion.* — Elle sera exécutée, dit l'art. 14, dans les établissements spécialement affectés et destinés comme prisons de réclusion.

Chaque condamné sera enfermé dans une cellule

salubre, spacieuse et bien aérée. Pendant la journée, les condamnés seront réunis pour le travail organisé dans la prison, sous la loi du silence.

Tout condamné sera employé aux travaux industriels et aux métiers prescrits par le règlement de la prison, excepté les condamnés ayant la meilleure conduite, qui peuvent être employés à la culture du jardin de l'établissement. Le produit réalisé est réparti de la même manière que pour les forçats sauf pour la quotité retenue par l'Etat qui ici est de 6 dixièmes (art. 15, 16).

c. — *L'emprisonnement correctionnel.* — La loi mentionnée dispose que, cette peine sera exécutée dans les établissements appelés maisons de correction où les condamnés sont enfermés dans des cellules individuelles. Pendant la journée, *ils peuvent* être réunis dans les ateliers communs pour travailler, toujours sous la loi du silence.

Ceux qui préfèrent la séparation, même pendant le jour, peuvent être autorisés à travailler dans leur cellule.

Le travail est obligatoire pour tous et sa nature déterminée par le règlement.

La loi dispose aussi l'établissement, auprès de chaque maison de correction, d'une exploitation agricole à laquelle seront employés les détenus les plus jeunes et ayant la meilleure conduite.

Le produit du travail en général, est attribué aux

condamnés correctionnels pour moitié, dont une part, de la moitié au plus, servira pour l'adoucissement de leur nourriture et l'autre moitié pour leur former un capital de réserve (art. 17, 18, 19, 20).

Dispositions générales à l'égard des femmes condamnées, de toutes catégories. — Par l'art. 21, la loi dispose, qu'il sera établi des prisons pour chaque catégorie, mais tant que le nombre des condamnées sera petit, elles seront enfermées dans un seul établissement divisé en autant de quartiers qu'il y a de catégories de peines et sans aucune communication entre elles.

Dispositions générales concernant le mode d'exécution des peines pour les condamnés mineurs. — Ici je suis obligé de rapporter d'abord les dispositions du code pénal relatives à l'influence de l'âge sur la responsabilité pénal. L'art. 61 c. p. r. dit que : « l'infraction commise par un mineur âgé de 8 ans révolus jusqu'à 15 ans révolus, ne sera pas punis s'il est décidé par le jugement que l'accusé a agi sans discernement ; mais, suivant les circonstances, il sera ou confié à ses père et mère pour le surveiller plus étroitement, ou il sera enfermé dans un monastère spécialement destiné à la correction de pareils enfants, où il sera détenu un nombre d'années, sans que ce temps puisse dépasser la vingtième année de l'âge du coupable.

L'art. 63 ajoute : « Quand il sera décidé que l'accusé a agi avec discernement, ou qu'il est âgé de 15 à 20 ans révolus, les peines seront prononcées de la manière suivante : si son infraction mérite la peine de travaux forcés à vie ou à temps, il sera condamné de 3 à 15 ans de prison.

Dans les autres cas, le juge est autorisé à appliquer la peine de prison pour un temps égal, au moins au tiers, ou à la moitié au plus, du temps pour lequel il aurait pû être condamné à l'une de ces peines ».

L'article 64 dit : « Dans tous les cas prévus par l'article précédent, la peine de la prison sera exécutée, ou dans un établissement expressément destiné à cela, ou dans une section séparée d'une maison de prison correctionnelle. »

Conformément à ces dispositions, la loi de 1874 sur le régime des prisons, décide par son article 24 que : « Ces mineurs seront enfermés dans des maisons spéciales qui porteront le nom des maisons d'éducation correctionnelle. » Il doivent être soumis au régime de la séparation individuelle dans des cellules pendant la nuit, et pendant le jour réunis pour le travail en commun, *sans être astreints à la loi du silence.*

La loi dispose encore que les mineurs seront employés de préférence aux travaux agricoles et, dans ce but, il sera établi des exploitations de ce genre auprès de chaque maison d'éducation correctionnelle (art. 25 L. 1874).

Une importante disposition est encore édictée par le § 3 de l'article précédent 25 et dans l'article 26 suivant, relativement à la libération provisoire, avant l'expiration de la peine, du mineur condamné.

En lisant ces dispositions, on ne peut nier que notre législateur, en organisant cette libération anticipée, s'est inspiré de la loi votée par la Chambre française en 1843 (art. 28), et de la loi du 5 août 1850. (art. 9) conçues dans le même ordre d'idées:

En effet, le § 3 de la loi roumaine dit : « d'après la demande de quelques particuliers présentant toutes les garanties de moralité, on pourra leur confier l'un des détenus mineurs ayant la meilleure conduite. Ces mineurs resteront sous la surveillance de l'administration. »

L'article 26 dit : « Après un laps de temps de détention dans l'établissement, les enfants qui auront eu une bonne conduite, pourront être placés en apprentissage chez des cultivateurs ou des artisans qui réunissent toutes les conditions désirées, ayant l'administration, toujours le droit de surveillance et de disposer leur réintégration dans la maison de correction, si leur conduite ou celle de leur patron le motive. »

L'art. 27 ajoute, qu'à la sortie de la maison d'éducation, chaque mineur, à sa libération, recevra : un vêtement complet, les frais du voyage jusqu'à sa destination, et si le mineur retourne au sein de sa famille, il recevra en outre, une petite somme d'argent pour faciliter son établissement.

Dispositions concernant le régime auquel seront

soumis les récidivistes. — Pour cette catégorie de condamnés, la loi de 1874 édicte le régime d'isolement absolu, de jour et de nuit, dans une cellule individuelle hygiénique ; avec soumission au travail dans sa cellule.

Sur le produit du travail, l'État retient un dixième en sus pour chaque catégorie de peines, c'est-à-dire 8 dixièmes sur les travaux forcés, 7 dixièmes sur la réclusion et 6 dixièmes sur l'emprisonnement correctionnel.

Les condamnés récidivistes sont autorisés, une heure au moins par jour, à faire une promenade dans un préau solitaire. La loi autorise aussi le condamné à recevoir, dans le parloir, la visite des personnes que l'administration autorise et que le chef de l'établissement a le droit d'interdire pour motif de discipline et de sûreté (art 29, 30, 33, L. 1874).

Les récidivistes âgés de 70 ans et au dessus, ne sont pas soumis au régime d'isolement de jour. (art. 36).

Dispositions et mesures spéciales. — La même loi d'organisation, dispose que les condamnés à l'emprisonnement de moins de trois mois, pourront subir leur peine dans les maisons d'arrêt de district où un quartier distinct leur sera ouvert.

Ces condamnés pourront être autorisés à se procurer, avec leur propre moyens, la nourriture du dehors dans les limites tracées par le règlement intérieur.(art. 39).

Les dispositions édictées par cette loi, ne sont pas applicables aux individus condamnés pour les infractions de la catégorie suivante : 1° pour crimes et délits punis de la peine de la détention ; 2° pour les délits reconnus politiques ; 3° pour délits de presse ; 4° pour vagabondage. L'art 43 de la loi dit que : « Le régime appliqué à ces condamnés sera déterminé par un règlement spécial, en conformité avec les prescriptions des art. 29 et 219 du code pénal ».

Pour la peine de la détention j'ai déjà parlé, en disant que le régime de son exécution est plus doux, en ce que les condamnés sont libres de communiquer avec les personnes de l'intérieur, ainsi qu'avec celles de dehors, qu'ils ne sont pas assujettis au travail et qu'il ont la permission de se procurer la nourriture du dehors avec leurs propres moyens, dans les limites ndiquées par le règlement.

Pour les vagabonds, l'art. 219 c. p. r. dit qu'il seront enfermés dans un monastère approprié à cette destination ou dans un autre établissement déterminé par le règlement, pendant un temps de 6 mois à un an ; qu'ils devront apprendre un métier facile, au moyen duquel ils pourront gagner leur nourriture, ou qu'ils devront travailler dans le métier qu'ils possèdent déjà.

§ III

Je passe maintenant aux autres dispositions de la loi, concernant : a) la discipline intérieure et sa sanction ;

b) l'éducation morale et l'enseignement ; c) le travail dans les ateliers de l'État et le travail particulier ; d) le traitement physique, etc, organisés dans les pénitenciers centraux et dans la maison de correction pour les mineurs, par les règlements généraux cités plus haut, des 7 et 8 mai 1874.

a. — *La discipline intérieure et sa sanction.* — Un des plus importants facteurs, nécessaires au maintien de l'ordre dans une prison est, sans contredit, le gardien qui continuellement est en contact avec les détenus ; c'est lui qui a l'occasion de l'étudier de près et de connaître ainsi son caractère, ce qui est d'une grande importance dans beaucoup d'occurrences. Il faut donc faire un choix intelligent de ces fonctionnaires appelés à remplir cette mission, à la fois délicate et non exempte de périls.

Comme mesures destinées à assurer l'ordre dans les prisons et à réprimer les infractions aux règles concernant la discipline en général, la loi organique de 1874 par son art. 42, prévoit les peines disciplinaires qui sont applicables, sans préjudice de celles édictées par le code pénal, pour les faits de rebellion, menaces, injures, insubordination et autres infractions dans les prisons. Ces peines disciplinaires sont les suivantes : 1° l'interdiction du travail ; 2° le jeûne avec pain et eau pendant 24 heures ; 3° l'interdiction de se procurer tout adoucissement dans la nourriture ; 4° interdiction de recevoir ses parents ; 5° la retenue en sus des dixièmes normaux sur le produit du travail ; 6° la cellule, obscure et solitaire, (appliquée comme moyen extrême) 7° les fers aux pieds et aux mains. (appliqués seulement pour faits immoraux, pour vol, violence, rébellion,etc.)

b. — *L'éducation morale et l'enseignement.* — Il est évident que l'amendement et la moralisation des condamnés, ne peuvent être obtenus seulement par l'ordre et la discipline qui doivent régner dans toutes prisons ; ceux qui sont familiarisés avec le caractère des condamnés, savent que les détenus les plus réfractaires, ne sont pas les plus immoraux et les plus pervers criminels ; c'est généralement le contraire qui est vrai dans les prisons ; ici les plus grands criminels et récidivistes sont les meilleurs détenus au point de vue de la discipline ; c'est avec la conviction personnelle, que j'ai eu l'occasion de me former pendant une période de cinq ans pendant laquelle j'ai été comme fonctionnaire dans toutes les catégories de prisons, que je maintiens cette observation. Il est donc nécessaire d'organiser encore d'autres mesures, que l'ordre et la discipline, pour essayer l'amendement du condamné.

La question de savoir par quels moyens on pourrait arriver à réaliser cet amendement, est une de celles qui ont le plus préoccupé et préoccupent toujours les criminalistes, sociologues, légistes, etc.

Parmi les moyens proposés, citons : l'enseignement, l'instruction religieuse, l'éducation morale, la lecture d'ouvrages propres à relever l'esprit, etc.

Au congrés pénitentiaire réuni à Rome en 1895, et aussi dans les congrès internationaux qui ont eu lieu, la même année à Paris et à Bordeaux, et au congrès tenu à Anvers en 1898, on a longuement discuté les questions de savoir: s'il n'est pas apportun de créer un journal spécial pour les détenus; de faire des conférences dans les prisons mêmes, le conférencier étant une personne étrangère au personnel de la prison.

Les rapports présentés au congrès d'Anvers sur les deux questions, ont été très favorablement accueillis.

En Roumanie, l'enseignement dans les prisons, consiste à apprendre aux condamnés détenus dans les pénitenciers centraux, la lecture, l'écriture et les quatre opérations fondamentales de calcul. Mais les dispositions relatives à l'organisation de cet élément de moralisation ne sont pas méthodiquement appliquées, et, en pratique, on se borne à choisir parmi les détenus lettrés quelques-uns qu'on charge d'instruire ceux qu sont illettrés; les résultats obtenus ne sont pas mauvais, car un nombre satisfaisant de condamnés ont appris de cette manière à lire et à écrire.

La seule prison où l'enseignement est régulièrement organisé et donné, d'après le programme officiel des écoles publics, par un maître diplômé, est la maison d'éducation correctionnelle pour les mineurs, appelée Mislea. Les résultats obtenus sont des plus satisfaisants. Une statistique me permettra de le démontrer.

Pendant l'année scolaire 1896-1897, nous voyons

qu'un nombre de 145 détenus mineurs et majeurs (1) ont suivi le cours de l'école qui est divisée en quatre classes, dont la première est la classe commençante. Dans la première classe il y avait 79 condamnés, dans la IIe classe 37 ; dans la IIIe classe 20 et dans la IVe classe finale 9.

Ceux qui se sont distingués, à chaque fin d'année, reçoivent une prime d'encouragement en espèces, dont le montant est versé à la masse de réserve de chacun, pour lui être remis à sa libération.

Quant à l'instruction religieuse et à l'éducation morale, elles devaient être données dans chaque pénitencier central par le prêtre, mais ce service laisse tout à désirer, faute de personnel ecclésiastique ayant les aptitudes requises pour cette mission.

c. — *Le travail.* — J'ai dit, en exposant l'historique de la IVe période (1862-1874), qu'en dehors des travaux forcés, qui s'exécutaient dans les salines ; dans les autres prisons, l'organisation systématique du travail était tout à fait négligée et qu'au commencement de la Ve période, il n'existait plus que deux ateliers de l'Etat : l'un de cartonnage et de reliure établi dans la prison centrale Vacaresti (à Bucarest), et l'autre de tannerie établi au pénitencier central Margineni.

____

1. J'ai dit mineurs et majeurs parce que dans cette prison, il y en a deux quartiers, l'un sert pour les condamnés jusqu'à l'âge de leur majorité et si en cours de peine ils ont atteint la majorité, on les transfère dans l'autre quartier.

Avec la période actuelle (V. de 1874 à nos jours), une réforme radicale s'opère aussi dans l'organisation du travail, cet élément indispensable pour la moralisation des condamnés.

Successivement et promptement, sont créés plusieurs ateliers où le travail fut organisé par le règlement général, et comme il n'est pas possible d'employer tous les condamnés dans les ateliers de l'Etat ; ou il y a des prisons, où il n'existe pas un atelier de l'Etat, les détenus sont obligés de s'adonner au travail particulier d'après leurs aptitudes et conformément aux règles établies par le règlement intérieur de chaque pénitencier. Dans ce but, une ordonnance émanant de la direction générale des prisons, n° 834 du 29 janvier 1896, vient d'organiser, d'une manière générale et uniforme, le travail particulier, en établissant les règles à observer quant au matériel à employer, au mode de trafic, etc.

Pour présenter un tableau fidèle, du mode d'organisation du travail en général, dans toutes nos prisons centrales, je veux commencer par le travail dans les ateliers de l'Etat, et finir par le travail particulier.

1) *Le travail dans les salines.* A ce genre de travail sont employés seulement les condamnés aux travaux forcés à perpétuité ou à temps.

Les condamnés de cette catégorie sont répartis dans quatre pénitenciers qui, à cet effet, sont établis dans les localités où se trouvent les quatre salines de l'Etat et dans lesquelles les condamnés sont emplo-

yés à l'extraction du sel et à d'autres travaux nécessaires comme : façonneurs, chargeurs, porteurs et puis les
artisans dans leur métier spécial (1).

Ceux employés comme marteleurs, c'est-à-dire pour
détacher le sel, sont obligés de couper, chaque jour, de
400 à 750 kgr. de sel par individu, le payement est de
16 centimes par 100 kgr. dont l'Etat retient 7/10 sur la
quantité obligatoire de 400 à 750 kgr. et seulement
5/10 sur ce que le condamné produit en sus, pour stimuler le goût du travail.

Les façonneurs doivent travailler, chacun un mètre
carré de sel par jour, pour lequel ils reçoivent 50 centimes, suivant la qualité minière du sel.

Les porteurs doivent transporter de 1.200 à 1.500
kgr. par jour chacun et sont payés de 3 à 4 centimes
par 100 kgr. de sel.

Les chargeurs, qui doivent charger le sel dans les
wagonnets, sont payés 1 franc par wagonnet et ils travaillent par équipes.

Les artisans (forgerons charpentiers, menuisiers)
sont payés 80 centimes par jour.

Le nombre moyen des condamnés employés au
travail dans les trois salines, a été, d'après la statisti-

1. Depuis 1899, la Direction Générale du Monopole du sel a supprimé le travail avec les condamnés dans la saline de Slanic.
Depuis lors le pénitencier est destiné aux condamnés infirmes et
vieux qui ne peuvent plus travailler.

que, pour la période de 1893 à 1897, de 625 à 650 par jour.

2). — *Le travail dans les ateliers de l'Etat.* — Pendant cette dernière période, le développement, tant au point de vue du nombre des ateliers qu'à celui du perfectionnement du travail, se poursuit avec un progrès croissant.

Ainsi nous voyons qu'en 1898 il y avait déjà un nombre de 13 ateliers systématiquement organisés, pour un nombre de 12 pénitenciers centraux que l'Etat roumain possède, non compris les 4 pénitenciers pour les forçats cités plus haut.

Chaque année, le chiffre des condamnés, occupés dans ces ateliers, accuse une croissance sensible, ainsi, en nous rapportant aux dates statisques sur cette matière, nous voyons que, tandis que pendant la campagne de 1896, ont travaillé dans ces ateliers un nombre moyen de 479 condamnés par jour, pendant l'année 1897, le nombre est augmenté à 925 par jour, en moyenne.

Indication des ateliers de l'Etat et de la nature du travail qu'on y exécute.

A. — *Pénitencier Vacaresti (à Bucarest).*

Dans ce pénitencier sont établis trois ateliers, savoir : Un *atelier de cartonnage et de reliure,* un autre pour *le tissage des nattes en jonc,* et un troisième de *confection de vêtements.*

Dans *l'atelier de cartonnage et de reliure,* sont confectionnés les registres nécessaires, aux administrations centrales des ministères et à d'autres autorités publiques du pays. On y exécute aussi un nombre considérable de commandes particulières. Pendant l'année 1897, ont été cartonnés et reliés 150.000 registres et 80.000 brochures, non compris les commandes particulières.

Le coût du matériel employé représente, comme moyenne annuelle, une somme de 35 à 40.000 fr.

Chaque jour, plus de 100 condamnés sont employés à cette espèce de travail.

Ils sont répartis en trois catégories ou classes, suivant le degré d'habileté acquis dans le travail.

Ainsi, ceux de la première classe sont payés 60 cts par jour ; ceux de la deuxième classe 40 cts. par jour et ceux de la troisième 20 cts. par jour.

Dans l'atelier pour le tissage des nattes en jonc, travaillent 35 métiers fabriquant toutes les nattes nécessaires dans les prisons pour les lits des condamnés. Pendant l'année 1897, un nombre de 7.163 nattes de deux grandeurs ont été confectionnées. La paye du travail est de 20 à 30 centimes par pièce suivant la dimension.

L'atelier pour la confection des vêtements. — Tous' les costumes nécessaires aux condamnés détenus dans es prisons de l'Etat, sont confectionnés dans cet atelier, avec le drap en laine fabriqué lui-même dans un autre pénitencier.

En outre on confectionne ici les capotes pour les détenus malades, etc.

Pendant l'année 1897 ont été confectionnés, dans cet

atelier, les effets suivants : 1.625 costumes complets, 1.000 dos de traversins, 195 toiles à matelas et 300 costumes complets en coutil, pour les condamnés mineurs.

Pour le travail de chaque costume il est payé 46 centimes.

B. — Pénitencier Plataresti pour les femmes condamnées de toutes catégories. — Dans ce pénitencier il y a deux ateliers ; un *de tissage*, et l'autre *de couture.*

Dans *l'atelier de tissage,* fonctionnent un nombre de 16 métiers mécaniques. Avec chacun on peut obtenir 40 mètres de toile par jour.

Pendant l'année 1897 une quantité de 10.000 kgr. de coton a été transformée en toile, nécessaire pour le linge de tous les détenus dans les pénitenciers de l'Etat, le linge pour les infirmeries des prisons, pour la literie, etc.

Dans l'autre atelier, on y exécute la coupe et la coutue, de tout le linge que je viens d'énumérer plus haut.

Dans ces deux ateliers on emploie, journellement, un nombre moyen de 78, sur 88 à 100 femmes détenues dans le pénitencier.

Le travail est payé par pièce de linge. Ainsi : pour une chemise 43 centimes dont 0,37 pour le tissage de la toile, et 0,06 cent. pour la coupe et la couture.

Pour un caleçon 32 centimes, dont 0,24 pour le tissage et 0,08 centimes pour la coupe et la couture.

Pour un drap, 51 centimes dont 0,46 pour le tissage et 0,05 pour la coupe et la couture.

Outre le linge nécessaire pour les pénitenciers, on exécute aussi des commandes particulières. Ainsi depuis quelques années, une quantité considérable de toile a été fabriquée pour l'armée, sur la commande du ministère de la guerre (1).

C. — Maison de correction pour les mineurs
Misléa.

Dans cet établissement sont établis deux ateliers : Un de sculpture en bois et l'autre de menuiserie (2). Dans l'atelier de sculpture sont employés de préférence les condamnés mineurs ; tandis que dans la menuiserie, sont occupés surtout les détenus devenus majeurs dans le cours de leur peine.

Le payement se fait à la journée d'après un tarif qui termdéine le prix d'après les aptitudes acquises par le détenu, en les classant en cinq degrés. Ainsi les commençants reçoivent 15 centimes par jour, les plus

---

1. Dans ces ateliers ont été travaillés tous les ouvrages de tissage destinés à l'Exposition Universelle de cette année à Paris.

2. Dans l'atelier de sculpture a été travaillé un autel d'Eglise destiné à l'Exposition universelle de cette année à Paris.

avancés 30 centimes et ainsi progressivement, 50, 80
centimes jusqu'à un franc par jour.

La solidité et l'élégance du travail qu'on exécute
dans ces ateliers, ont acquis une réputation telle, que
les commandes augmentent de plus en plus de sorte
que les résultats matériels et moraux sont tout à fait
satisfaisants.

Le travail dans chacun de ces ateliers, est dirigé par
un maître choisi et bien rémunéré.

D. — *Pénitencier Pangaratzi.*

Ce pénitencier est doté d'un *atelier de draperie*, où
toutes les couvertures en laine et le drap nécessaire
pour la confection des vêtements des condamnés, détenus dans les pénitenciers centraux, est fabriqué. Un
nombre de 60-70 condamnés sont employés journellement
La paye du travail est de 0,30 centimes par mètre
de drap fabriqué. Chaque année on y consomme de
10,000 à 15,000 kilogr. de laine de qualité supérieure.

E. — *Pénitencier Margineni.*

Dans ce pénitencier est établi un *atelier*, bien organisé, de *tannerie*, où on travaille les peaux qui four-
nisent le cuir nécessaire à la confection des sandales,
pour tous les condamnés détenus dans les pénitenciers
de l'Etat.

Chaque année on y prépare le cuir nécessaire pour la fabrication de 20.000 paires de sandales.

Le travail est payé 0,53 centimes par jour.

F. — *Pénitencier Boucovètz.*

Ici est institué un *atelier*, très systématique, de *tannerie*. On y travaille exclusivement pour l'armée.

Chaque jour un nombre d'environ 150 condamnés sont employés, aux travaux variés que nécessite la fabrication du cuir.

La paye se fait, ou par jour, ou par pièce de peau. Par jour les condamnés reçoivent 0,60 centimes ; par pièce jusqu'à 0,20 centimes suivant la dimension de la peau.

Aucune retenue n'est faite sur le produit du travail par pièce, pour encourager et stimuler le goût du travail. Sur le produit du travail à la journée, l'Etat retient 5 ou 6 dixièmes, suivant que le condamné est réclusionnaire ou correctionnel ; car dans ce pénitencier on y détient les deux catégories.

G. — *Pénitencier Galatz.*

Dans ce pénitencier est installé un *atelier de brosserie* où l'on fabrique toutes espèces de brosses nécessaires aux services des pénitenciers.

Cet atelier fut créé pendant l'année 1898 et les résultats obtenus sont satisfaisants.

H. — *Pénitencier Craïova.*

Ce pénitencier possède un *atelier de cordonnerie* créé en 1898. On y confectionne les bottes nécessaires aux condamnés mineurs, les pantoufles pour les infirmeries des pénitenciers et les souliers pour les femmes condamnées.

I. — *Pénitencier Foschani.*

Ce pénitencier a été daté, en 1898, d'un *atelier de corderie*, où le travail est exécuté à l'entreprise pour le compte d'un entrepreneur particulier. Le résultat matériel est assez satisfaisant, mais il est remarquer que le travail à l'entreprise particulière à toujours pour conséquence d'affaiblir la marche régulière de la discipline qui doit fonctionner d'une manière strictement pénitentiaire.

J. — *Pénitencier Dobrovetz.*

Dans ce pénitencier se trouve établi un *atelier de tonnellerie* où l'on fabrique tous les récipients en bois (tonneaux, cuves, baquets, seaux), nécessaires à tous les pénitenciers de l'Etat, et les résultats qu'on y obtient permettent d'espérer que le but poursuivi sera atteint.

L'Etat roumain possède deuze pénitenciers centraux destinés à l'exécution des peines de réclusion et d'emprisonnement correctionnelles; par l'exposé que je viens de faire, on voit que dix de ces pénitenciers possèdent, chacun, un ou plusieurs ateliers, dans lesquels le travail est exécuté en régie (sauf une exception) et exclusivement, ou au moins en grand partie, pour les besoins de l'Etat.

Dans les autres pénitenciers, l'Etat ne possède pas des ateliers où le travail soit exécuté pour son compte ; mais, dans l'un d'eux, le pénitencier Bisseri cani, qui est destiné exclusivement à l'emprisonnement des récidivistes (réclusionnaires et correctionnels) il y a un bon atelier de menuiserie, où les condamnés travaillent pour leur propre compte.

Donc, le seul pénitencier central qui ne possède pas un atelier systématiquement installé, est le pénitencier Jassi.

Le travail particulier.

Dans tous les pénitenciers de l'Etat, les condamnés qui ne sont pas occupés dans les ateliers, sont cependant obligé à travailler en particulier à leur propre compte. A cette fin, j'ai dit qu'une ordonnance n° 834 du 29 Janvier 1896, a reglementé d'une manière uniforme le travail particulier.

Cette ordonnance dispose que, jusqu'à ce que l'Etat soit en mesure de procurer du travail dans ses ateliers à tous les détenus, ceux-ci seront obligés de travailler pour leur propre compte sur des commandes particuliers ; et, à cet effet, l'administration de la prison, leur procurera le matériel et les outils nécessaires avec les moyens dont chacun dispose ; et au fur et à mesure que les objets confectionnés sont vendus, on déduit, du prix réalisé, le coût du matériel qui est évalué à 80 0/0, et le profit net à 20 0/0, dont l'administration percevra la part attribuée à l'Etat de 7, 6 et 5 dixièmes, suivant la catégorie pénale du condamné ; et la part du gain dans la proportion de 3, 4 et 5 dixièmes, attribuée aux condamnés, sera consignée à la caisse de dépôts comme masse de réserve, pour moitié ; et l'autre moitié avec les 80 0/0 de la valeur estimée du matériel, sera portée au disponible du condamné avec laquelle il pourra se procurer de nouveaux matériels et les adoucissements permis par la loi et le reglément.

De cette façon, tous les détenus qui ne peuvent être employés dans les ateliers, ont le moyen de travailler obligatoirement. Et le trafic qu'ils font, par l'intermédiaire de l'administration, avec toutes espèces de menus objets qu'ils confectionnent, est important et s'accroît chaque année d'une manière satisfaisante.

Pour rendre une idée exacte de ce que le travail des condamnés, dans les pénitenciers centraux, peut produire, je reproduis ici quelques chiffres d'après la statistique de la fin de l'année 1897 :

Pour un nombre de 3639 condamnés de toutes catégories qui, à cette date, se trouvaient détenus dans les 16 pénitenciers centraux, il y avait un capital de 250, 217 francs, 30 centimes ainsi réparti.

Marchandises, matériel et outils.　60.000 fr.

Capital disponible . . . . 50.757 fr. 64

La masse de réserve consignée. . 139.459 fr. 66

d).　— Le traitement physique. — Le traitement physique concernant les condamnés, sauf les mineurs, est uniforme dans tous les pénitenciers et pour toutes les catégories pénales, hommes ou femmes.

J'exposerai cette question en la décomposant d'après les éléments qui la concernent savoir : a. La nourriture ; b. L'habillement ; c. Le mobilier.

1° *La nourriture.* — Pour chaque détenu, la nourriture journalière consiste en : 900 grammes de pain, 180 grammes de viande et le poivre, le sel et l'oignon en quantités suffisantes.

Pendant les jours maigres (trois par semaine) et pendant le carême, la viande est remplacée par divers légumes.

Au jour de Noël, les condamnés reçoivent, comme supplément, 3 décilitres de vin, et aux Pâques, outre le vin, deux œufs rouges.

Les détenus mineurs ont 240 grammes de viande et le pain leur est distribué par rations de 300 grammes aux repas fixés par le règlement.

En dehors de la ration réglementaire, chaque condamné peut être autorisé à se procurer, avec son argent disponible, journellement les vivres suivants : 600 grammes de pain avec 300 grammes de viande ou 300 grammes de fromage, 300 grammes de beurre, 300 grammes fruits, 600 grammes légumes, etc.

La nourriture pour les malades est préparée et distribuée conformément à l'ordonnance du médecin.

2° *l'Habillement.* — Chaque condamné reçoit annuellement comme linge, deux chemises neuves et une racommodée, et deux caleçons. Comme vêtements : Un long veston et un pantalon et un bonnet en gros drap de laine, couleur gris rayé de noir, ces effets pour une durée de deux ans ; et enfin 2 ou 3 paires de sandales en gros cuir, annuellement.

Pendant le travail dans les ateliers, ils ont une blouse en toile bleue.

Le vêtement des mineurs se compose : pour la saison d'été, de deux blouses et deux pantalons en treillis ou coutil ; pour l'hiver, d'un veston et un pantalon en drap de laine, et deux paires de bottes ; tous ces effets pour une durée de deux ans.

3° *Le Mobilier.* — Dans chaque dortoir, aménagé pour 20 à 40 détenus, il y a un ou deux grands lits communs, confectionnés en bois et couverts de nattes en jonc. Pour chaque individu il y a une couverture en laine et un traversin rempli de paille. Une longue étagère en bois sert à placer les effets de chaque détenu au dessus du lit.

Les mineurs, au lieu de nattes en jonc, ont des paillasses. Dans les cellules disciplinaires il n'y a aucun mobilier, les condamnés punis disciplinairement dorment par terre sur une natte de jonc.

CONCLUSIONS

J'ai dit que la loi de 1874 pour l'organisation des prisons, avait adopté et prescrit que dans tous les pénitenciers centraux et prisons de district, sera appliqué le régime dit Auburnien, mais d'après l'exposé que je viens de faire, on voit qu'en pratique, aujourd'hui encore, dans toutes nos prisons on applique le régime en commun de jour et de nuit ; et c'est à peine si dans les prisons de district pour les prévenus, on y observe la séparation par quartier distincts entre les prévenus et condamnés et majeurs et mineurs. Il y a cependant trois exceptions dont une seule est absolue, où la loi, quant au régime, est appliquée à la lettre. Ce sont les suivantes :

1° Le pénitencier Téléga pour les forçats, construit en 1843, étant tout à fait impropre à sa destination et menaçant ruines, le gouvernement décida sa suppression définitive et la construction d'un pénitencier modèle basé sur le régime cellulaire Auburnien. Les travaux commencèrent en 1894 et furent définitivement achevés en 1896.

Ce pénitencier contient 397 cellules individuelles,

nombre suffisant pour une population qui, en moyenne
d'après la statistique de l'année 1897, était de 248
condamnés.

Dans son ensemble, ce pénitencier est construit
d'une manière très réussie. Il réunit toutes les conditions, tant au point de vue architectural pour la solidité et la sûreté ; qu'au point de vue hygiénique de
son emplacement dans une région salubre, et du bâtiment qui est assez spacieux pour y appliquer tous
les principes hygiéniques désirables. Ici, les prescriptions de la loi suscitée, sont entièrement observées.

Le mobilier de chaque cellule se compose : d'un lit
en fer fixé au mur de manière à pouvoir être relevé et
fermé avec un cadenas ; et une table avec étagère qui
sert aussi comme garde-robe.

Le chauffage se fait à l'aide d'un calorifère ; l'éclairage est électrique.

Le prix de revient de la construction et de l'aména-
gement s'élève à la somme totale de 1.500.000 francs.

2° et 3°. A la même époque (1894) et pour les mêmes
raisons, le gouvernement décida la reconstruction à neuf
de deux autres pénitenciers, celui de Galatz, et celui
de Craïova. Ces pénitenciers sont affectés à l'emprisonnement des condamnés correctionnellement et en même
temps pour les prévenus et accusés. Mais le régime
cellulaire n'y est pas exclusivement appliqué, car, ces
établissements, assez grands pour contenir chacun un
nombre de 350 détenus ne disposent chacun que de 90

cellules individuelles de sorte que, pour le reste de la population, on y a pratiqué la séparation en autant de quartiers qu'il y a de catégories de détenus et toute promiscuité est rendue impossible.

Les 90 cellules sont construites dans le quartier destiné aux condamnés, et réservées à ceux avec les peines plus longues, et à ceux considérés comme dangereux pour l'ordre et la discipline de la prison.

Si, au point de vue de la loi, ces deux pénitenciers ne correspondent pas d'une manière absolue aux conditions exigées pour l'application du régime exclusivement cellulaire pour tous les détenus, cependant on ne peut pas contester qu'à tous les autres points de vue, ils sont de beaucoup supérieurs aux autres pénitenciers « pour l'entretien et la réparation desquels, l'Etat est obligé de dépenser des sommes considérables, sans qu'on puisse y réaliser un progrès évident au point de vue du problème pénitentiaire » (1).

Avant de finir l'exposé sur les pénitenciers en Roumanie, je suis obligé de mentionner aussi que, depuis 1898 on a institué, auprès du pénitencier Vacaresti, (à Bucarest) une section spéciale destinée pour la détention des criminels aliénés.

Pareils établissements existent déjà depuis longtemps dans d'autres pays ; ainsi : en France, dans les prisons de Gaillon ; Prusse, dans la prison de Moabit

____

1. Ainsi s'exprime M. Gr. Dianou dans son livre : *Histoire des prisons en Roumanie*. Bucarest 1900.

(Berlin) et dans la prison de Tapiano (Prusse orientale) ; Saxe, dans la prison de Valheim ; Bade, dans la prison de Brucksal, etc.

Le problème pénitentiaire en France.

En France, le problème pénitentiaire a été résolu par l'adoption et l'application de deux moyens ou procédés principaux proposés à cet effet, c'est-à-dire, celui de l'emprisonnement dit système pénitentiaire, et celui de la transportation dit système de déportation.

Le législateur français, envisageant le problème pénal au double point de vue de l'amendement du condamné et de la sûreté sociale, a combiné et organisé les deux systèmes en complétant l'un par l'autre.

J'ai déjà exposé quelles sont les peines privatives de liberté, édictées par la loi pénale française, qui doivent s'exécuter dans les prisons, sur le territoire continental ; (application du système pénitentiaire) et quelles sont celles qui doivent être exécutées en dehors de la métropole, sur le territoire colonial. (Application du système de transportation).

Aussi ai-je présenté les phases d'évolution que la question pénitentiaire a subie en France. Donc, ici, je ne veux examiner que le régime d'exécution, ainsi qu'il est législativement édicté et ainsi qu'il est réellement appliqué, et ensuite l'organisation du travail et de la discipline.

I. — Régime d'exécution.

A. — *Peines privatives de liberté s'exécutant sur le territoire continental.*

Elles sont : *a*, la détention, *b*. la réclusion, *c*. l'emprisonnement correctionnel, *d*. l'emprisonnement de simple police.

a. — L'art 20 c. p. dit que, la peine de la détention s'exécutera dans l'une des forteresses situées sur le territoire continental et destinées à cet effet.

Le condamné n'est donc pas en contact avec les criminels du droit commun. Il est libre de communiquer avec les habitants de la forteresse, ainsi qu'avec les personnes du dehors. Il est dispensé de porter le costume des condamnés et n'est soumis à aucun travail.

Ces dispositions de la loi sont littéralement appliquées en ce qui concerne le régime.

b. — La peine de la réclusion, dit l'art, 21 c. p. sera exécutée dans une *maison de force* avec assujettissement au travail dans l'intérieur de la prison. Le régime légal donc, est celui de l'emprisonnement en commun de jour et de nuit, et en fait il est ainsi appliqué.

c. — L'emprisonnement correctionnel, d'après l'article 40 c. p. doit être subi dans une *maison de cor-*

rection et le condamné soumis à l'un des travaux établis dans la maison.

Le régime consacré par le code pénal, est donc aussi celui en commun jour et nuit. Légalement et pratiquement il a duré ainsi jusqu'en 1875 quand, la loi du 5 juin 1875, vient de consacrer le régime de la séparation individuelle de jour et de nuit, mais en le rendant *obligatoire*, quant aux condamnés, seulement pour ceux condamnés à un emprisonnement correctionnel d'un an et un jour et au-dessous (art. 2) ; et *facultatif*, sur la demande du condamné, pour l'exécution de l'emprisonnement de plus d'un an et un jour (art. 4). Il est à remarquer que cette réforme n'est édictée que pour les prisons départementales. Nous verrons plus loin, dans quelle mesure les dispositions de cette loi ont été réalisées jusqu'à présent.

D'après les deux textes cités plus haut : art. 21 et 40 c. p. nous avons vu la loi faisant une distinction entre les établissements destinés à l'exécution de la peine de réclusion et de l'emprisonnement correctionnel ; mais la mise en pratique de cette distinction a rencontré un obstacle matériel dans l'insuffisance des prisons, de sorte que, pour mettre le fait d'accord avec le droit, une ordonnance du 20 avril 1817 (art. 1er) constitua les *maisons centrales de détention*, créées par un décret du 16 juin 1810, a la fois *maisons de force* pour les réclusionnaires, et *maisons de correc-*

tion pour les condamnés à l'emprisonnement d'un an au plus.

Ensuite une ordonnance du 6 juin 1830 (art. 1er) décida que, ces établissements ne recevraient que les condamnés à l'emprisonnement pour *plus d'un an*. Enfin la limite qui divise ces deux catégories des condamnés à l'emprisonnement, fut encore reculée d'un jour par la loi citée, du 5 juin 1875 (art. 2).

En résumé donc, aujourd'hui il y a en France trois espèces d'établissements pénitentiaires savoir :

1° Les *maisons de force* pour les réclusionnaires.

2° Les *maisons de correction* pour les condamnés à plus d'un an et un jour d'emprisonnement ; constituées les deux espèces, dans les mêmes établissements qu'on appelle *maisons centrales* et qui appartiennent à l'Etat (1).

3° Les *prisons départementales* établies dans les chefs-lieux de département où d'arrondissement, dont la propriété appartient au département où elles sont situées, conformément à un décret du 9 avril 1811, et qui servent : a) comme *maisons centrales* pour les

1. Leur nombre total, en France, est de 15 dont 3 pour les femmes ; il y a encore une maison de détention et un dépôt de forçats qui sont assimilés aux maisons centrales ; en Algérie il y a deux maisons centrales et un pénitencier agricole ; enfin, en Corse, il y a trois pénitenciers agricoles assimilés aux maisons centrales.

condamnés à un emprisonnement correctionnel d'un an et un jour et au dessous ; b). Elles servent encore de *maisons d'arrêt* pour les prévenus ; c) *de maisons de justice* pour les accusés. d) On y détient aussi les individus soumis à la contrainte par corps en vertu de la loi du 22 juillet 1867.

Depuis quelques années, l'administration a réalisé dans les maisons centrales, plusieurs améliorations à divers point de vue ; entre autres notons la destination de quelques établissements, exclusivement réservés aux réclusionnaires. Cependant, dans presque tous ces pénitenciers, c'est le régime en commun de jour et de nuit qui est appliqué, avec la promiscuité des réclusionnaires et des correctionnels.

Dans les prisons départementales, il y a d'abord la division entre les sexes, ensuite la séparation par quartiers distincts suivant les antécédents, la situation pénale des détenus et la séparation entre mineurs et majeurs.

J'ai déjà mentionné que la loi de 1875 dispose la réforme des prisons départementales en les soumettant au régime cellulaire absolu (de jour et de nuit), mais la lenteur que les départements ont mise à l'accomplissement de cette réforme, a fait que, jusqu'à la fin de l'année 1899, seulement 35 prisons ont été transformées sur 431, et le nombre des cellules construites ne dépasse pas le chiffre de 5975, pour une population de 22,839, détenus (hommes et femmes) qu'il y avait à la fin de l'année 1897.

Une loi du 4 février 1893 intervient par une série des dispositions ayant pour but d'accélérer et de faciliter la transformation des prisons départementales.

d. — L'emprisonnement de simple police. Cette peine est subie, soit dans les *prisons* dites *cantonales,* établies dans les chefs lieux de canton, soit dans les *prisons* dites *municipales,* établies dans les *maisons d'arrêt.*

B. — Peines privatives de liberté s'exécutant sur le territoire colonial.

Ces peines, pour l'exécution desquelles le législateur français a organisé et édicté l'application du système dit de transportation sont :

a). — Les travaux forcés à perpétuité et à temps.

b). — La déportation simple ou dans une enceinte fortifiée.

c). — La relégation.

a. — *La peine des travaux forcés* s'exécutait, pour les hommes, dans les trois bagnes; Brest, Toulon et Rochefort; et pour les femmes, dans une maison de force.

Sans m'arrêter sur la critique dont l'institution des bagnes et leur régime ont été l'objet, n'ayant qu'un in-

térêt rétrospectif ; je veux cependant faire cette remar-
-que : le législateur français convaincu que, entre
autres vices, ce mode d'exécution présentait encore le
défaut d'être dangereux pour la paix publique, qui serait constamment menacée par la présence, sur le territoire de la métropole, d'un nombre considérable de
grands criminels toujours prêts à l'évasion ; a décidé
la radicale réforme du mode d'exécution de la peine
des travaux forcés, en substituant au régime du bagne
celui de la transportation.

Cette réforme fut, *de droit*, réalisée par la loi du 30
mai 1854. J'ai dit *de droit*, car de fait, cette loi n'a
eu, en réalité, qu'à sanctionner un état de choses déjà
établi par le décret du 27 mars 1852 qui décida que :
« sans attendre la loi qui doit modifier le code pénal
quant au mode d'application de la peine des travaux
forcés », les condamnés de cette catégorie pourraient
être employés aux travaux de colonisation. Depuis,
cette mesure d'exclusion fonctionna règulièrement, et
si on considère les différents décrets réformateurs in-
tervenus à la suite (de 1889, et 1891) il y a tout lieu
d'espérer les meilleurs résultats.

Pour être complet, je dois ajouter que le régime de
transportation, avait déjà été édicté par le code pénal
de 1791 qui, par l'art. 1er du titre 1er, déclarait que
tout individu coupable d'un second crime, serait dé-
porté dans une colonie après avoir subi la peine dans
la prison. Et la loi du 24 vendémiaire an II a édicté la

même mesure contre les vagabonds plusieurs fois tombés dans le délit de mendicité.

Les guerres maritimes avec les Anglais, furent la cause qui empêcha la mise en pratique de cette mesure sur laquelle nous voyons le code pénal garder le silence, peut-être à cause de ces difficultés.

Les colonies, aujourd'hui désignées pour les départés sont : la Nouvelle Calédonie, réservée particulièrement aux condamnés primaires et à ceux dont on peut espérer l'amendement ; la Guyane, désignée pour les criminels dangereux, plusieurs fois condamnés et ne laissant aucun espoir de relèvement.

Un décret disciplinaire, du 4-13 septembre 1891 ; répartit les forçats en 3 classes déterminées d'après : leur situation pénale, leur conduite, et leur application au travail. Ces derniers seuls, sont admis, dit le décret, à « l'assignation » chez les particuliers et au bénéfice des concessions provisoires.

Un décret des 15 septembre 2 octobre 1891, a réglementé l'emploi de la main d'œuvre pénale. En cours de peine le salaire du forçat est supprimé.

Le condamné valide qui ne travaille pas, n'a droit qu'au pain et à l'eau. Il doit donc travailler s'il veut améliorer cette nourriture insuffisante.

b. — *La déportation* dans une enceinte fortifiée, et la déportation simple.

Cette dernière existait seule dans le code pénal (art. 17) qui dit que : elle « consistera à être transporté à perpétuelle demeure, dans un lieu déterminé par la loi hors du territoire continental du royaume ». Mais la Constitution de 1848 (art. 5) ayant aboli la peine de mort en matière politique, il fallait la remplacer pour réorganiser l'échelle des peines dans cette matière. Ce désidérata fut réalisé par la loi du 8 juin 1850 qui, à cet effet, créa la peine de déportation dans une enceinte fortifiée.

La différence entre celle-ci et l'autre, est seulement quant au régime d'exécution qui ici est plus sévère, car il resserre davantage le cercle de la liberté du condamné.

Mais simple ou dans une enceinte fortifiée, la déportation consiste en une transportation dans une colonie, sans assujettissement au travail (art. 17 c. p.) et seulement si le condamné demande à travailler, alors « le gouvernement déterminera les moyens » (art. 6 loi 1850).

Quant aux lieux où ces peines doivent s'exécuter, la loi du 8 juin 1850, désigne l'île de Noukahiva pour la déportation simple ; la vallée de Waïthau (archipel des Marquises) pour la déportation dans une enceinte. La loi du 23 mars 1872 déclare la presqu'île Ducos (Nouvelle Calédonie) lieu de déportation dans une enceinte fortifiée, l'île de Pins et l'île Maré (N.-Calédonie) lieu de déportation simple (art 2, et 3,).

c. — *La relégation.*

La relégation est exécutée par la transportation, après l'expiration de la peine qui lui sert de fondement, dans une colonie ou une des *possessions* françaises (loi 27 mai 1885) art. 1ᵉʳ), donc aussi en Algérie.

Quant au lieu d'exécution et au régime auquel les condamnés sont soumis, il faut distinguer, avec le décret réglementaire du 26 novembre 1885, les deux sortes de relégation qu'il crée savoir : la relégation collective et la relégation individuelle qui diffèrent au point de vue suivant: comme lieux destinés pour la relégation individuelle, d'après les décrets rendus en Conseil d'État, toutes les colonies et possessions françaises peuvent être affectées à cet effet; tandis que, la relégation collective, ne s'exécute qu'à la Guyane ou dans les îles de la Nouvelle-Calédonie (décrets du 26 novembre 1885, du 2 août 1886 du 24 mars 1887).

Comme régime de la relégation, suivant qu'elle est individuelle ou collective, il diffère aussi:

1° Sont admis au bénéfice de la relégation individuelle, les relégués qui justifient des moyens honorables d'existence, ceux reconnus aptes à recevoir des concessions de terre et ceux qui sont autorisés à contracter des engagements de travail ou de service pour le compte de l'État, des colonies ou des particuliers.

(décret du 26 novembre 1885 art. 2 § 2, décret du 15 novembre 1887, art. 2).

Les avantages que cette situation procure aux relégués de cette catégorie, consistent en une liberté de mouvement dans toute la colonie, avec obligation de se conformer aux mesures d'ordre et de surveillance édictées ; et qu'ils relèvent des juridictions ordinaires.

Les relégués collectifs sont réunis dans les mêmes établissements ensemble, privés de liberté et sont justiciables des conseils de guerre.

A tous les points de vue, entre eux et les forçats il n'y a de différence que quant à la qualification légale de la peine.

Le relégué qui a bénéficié de la relégation individuelle, peut être déchu de cette faveur : 1° en cas de nouvelle condamnation pour crime ou délit, 2° pour inconduite grave et notoire, 3° pour infractions aux mesures d'ordre et de surveillance, 4° pour rupture non justifiée de son engagement, 5° pour abandon de sa concession.

II. — ORGANISATION DU TRAVAIL.

Dans les maisons centrales ainsi que dans les prisons départementales, le travail est obligatoire.

Le code pénal de 1810 considérait le travail comme une aggravation du châtiment. Il l'a édicté seulement pour les condamnés du droit commun en dispensant les condamnés politiques.

Il est évident que cette idée n'est pas exacte au point de vue des principes rationnels ; et nous voyons le législateur lui-même la reconnaître, car dans la loi du 8 juin 1850 (art. 6) il dit que, si les déportés demandent à travailler, le gouvernement déterminera les moyens du travail.

En règle générale donc, le travail est obligatoire, et pour les correctionnels, (art. 40 c. p.) et pour les réclusionnaires (art. 21 c. p.).

Quand au produit du travail, celui des correctionnels est appliqué, partie aux dépenses communes de la maison, partie aux condamnés pour leur procurer quelques adoucissements pendant leur peine, s'ils le méritent ; partie à leur former un fonds de réserve qui leur est remis au moment de la sortie (art. 41 c. p.).

Pour les réclusionnaires l'art. 21 c. p. contient la même disposition, mais la partie à laisser aux condamnés, qui pour les correctionnels est obligatoire, ici est facultative ; de sorte que l'administration pourait attribuer le profit intégral à l'Etat.

Dans les établissements coloniaux, je l'ai dit, le decret des 4-13 septembre 1891 a supprimé tout salaire pendant le temps de la peine.

Il résulte donc que, prises à la lettre, les dispositions de la loi, le travail revêt les caractères suivantes : il est obligatoirement industriel pour les correctionnels,

obligatoirement pénal pour les forçats et facultative-
ment pénal pour les réclusionnaires.

En pratique on s'est écarté de ces dispositions quant
aux réclusionnaires ; et en vertu de l'ordonnance du
2 avril 1817 et de l'ordonnance du 17 décembre 1843,
nous voyons attribuer à tous les condamnés (excepté
les forçats) une part, dans le produit de leur travail
qui est de : 5/10 pour les correctionnels, 4/10 pour
les réclusionnaires et de 3 ou 4/10 pour les récidivistes de l'une ou de l'autre catégorie.

On a longuement discuté la question de savoir, si le
travail doit-être salarié ou non.

L'industrie privée a souvent protesté, en invoquant la
concurrence déloyale quant à la *production* et quant
au prix.

En Angleterre, pour faire justice à ces réclamations,
on a établi le travail improductif, mais l'effet démoralisa-
teur que ce moyen a produit, a fait que jamais en
France, ni en Roumanie, ni ailleurs on n'a recouru à
pareil moyen.

Et puis, avec une sage organisation, il y a toujours
moyen d'éviter, sinon d'une manière absolue, au moins
partiellement les inconvénients signalés. Ainsi on
appliquera le travail à des choses d'utilité publique,
comme : les constructions des prisons, des routes, des
chemins de fer, etc. Ou en faisant produire aux condamnés des objets destinés à être consommés par
l'État ce qui, c'est vrai, ne supprimera pas la concur-

rence et seulement la déplacera ; mais finalement il faut admettre que le pouvoir a le droit et souvent le devoir même, de sacrifier l'intérêt privé à l'intérêt général.

L'organisation du travail, dans les prisons de la France, repose sur deux procédés : a) par entreprise, b) en régie.

a) Dans ce cas, un entrepreneur fournit aux détenus le travail dont tout le produit lui est abandonné et en échange, il prend sur lui l'obligation de pourvoir à l'entretien, la nourriture des détenus et de leur payer un salaire convenu. En outre, l'entrepreneur reçoit de l'État une allocation qui varie entre 30 et 35 centimes par jour et par détenus.

b) En régie, le travail est fourni aux condamnés par l'Etat qui les nourrit, les entretient et leur paye un salaire, mais recueille toutes les recettes réalisées par leur industrie.

Au point de vue pénitentiaire, le système de travail en régie est incontestablement supérieur à l'entreprise car il conserve à l'Etat la direction absolue du travail qu'il peut organiser dans un but pénitentaire, tandis que le système d'entreprise, bien que plus avantageux au point de vue économique et financier, a le grand défaut d'attribuer finalement, de fait, à l'entrepreneur des pouvoirs inhérents au directeur, et sur les déte-nus et sur le personnel subalterne de la prison ; or pareils pouvoirs, dans l'intérêt de l'ordre et de la dis-

cipline, doivent rester avant tout et exclusivement
une attribution de l'Etat. Aussi se manifeste-t-il une ten-
dence à substituer le système de la régie à l'entreprise.

III. — La discipline.

L'autorité disciplinaire dans chaque maison Centrale,
est exercée par un Directeur secondé par un personnel, laïc dans les prisons pour hommes ; par des religieuses appartenant aux ordres de Marie-Joseph et à
la Sagesse, dans les prisons pour les femmes.

Le contrôle est exercé par les inspecteurs généraux
des prisons.

Les commissions de surveillance, prescrites par une
ordonnance du 5 novembre 1847, ne sont pas encore
constituées.

Dans les prisons départementales, l'autorité disciplinaire s'exerce, suivant l'importance de la prison, ou
par un directeur, ou par un gardien, ayant sous ses
ordres un personnel laïc ou religieux.

Le contrôle y est exercé par les inspecteurs généraux, par les Directeurs départementaux, par le préfet, sous préfet, président d'assises, juges d'instruction
et maires, à qui cette obligation incombe conformément
aux prescriptions des articles 611, 612, 613 code d'instruction criminelle.

Comme moyen moralisateur, outre le travail, la loi
et les règlements ont organisé et édicté les mesures

suivantes: 1° l'enseignement religieux et moral, 2° l'instruction, 3° les visites des personnes autorisées par le règlement, 4° la correspondance qu'on permet aux détenus d'entretenir avec ces personnes.

Comme moyen de répression, pour les infractions aux mesures d'ordre et de discipline, en dehors des punitions établies par les règlements généraux, nous voyons l'art. 614 du code d'instr. crim. qui dit que : « Si quelque prisonnier use de menaces, injures ou violences, soit à l'égard du gardien ou de ses préposés, soit à l'égard des autres prisonniers, il sera, sur les ordres de qui il appartiendra, resséré plus étroitement, enfermé seul, même mis aux fers en cas de fureur ou de violence grave, sans préjudice des poursuites auxquelles il pourrait avoir donné lieu ».

§ IV

Appréciation sur les divers systèmes et régimes pénitentiaires proposés et appliqués. — L'existence de la science pénitentiaire est, depuis plus d'un siècle, un fait accompli, de sorte qu'aujourd'hui les questions rentrant dans le domaine des prisons et le régime d'exécution de peines, ne peuvent plus être traitées et résolues, qu'à l'aide des principes fondamentaux arrêtés et formulés par cette science.

La difficulté ne surgit donc, que lorsqu'il s'agit de savoir, quel procédé il faut employer pour arriver à la réalisation des effets visés par les principes fondamentaux. Et sur ce point, les opinions et les débats ne sont pas encore arrêtés d'une manière uniforme. De là une foule de système et des régimes proposés dont je veux maintenant examiner, en partie, les qualités et les défauts qu'ils présentent au point de vue pénal et moral c'est-à-dire au point de vue répressif et réformateur.

J'ai dit que deux procédés principaux ont été proposés pour résoudre le problème que la question de l'exécution de peines privatives de liberté pose : 1° celui de l'emprisonnement, 2° celui de la transportation.

Les partisans du premier procédé soutiennent que, l'amendement du condamné ne peut être obtenu que par un régime rationnel d'emprisonnement, (c'est le *système pénitentiaire*) ; par conséquent il faut organiser les prisons de manière à pouvoir atteindre ce but.

Ceux qui préconisent l'autre procédé, contestent la vertu réformatrice de l'emprisonnement et proposent la transportation des condamnés dans des colonies pénitentiaires et leur application au travail, (c'est le *système de déportation*).

Divers systèmes pénitentiaires. — Il est évident qu'en adoptant ce système, il faut, nécessairement et en même temps, organiser aussi les moyens propres pour la solution du problème de la récidive c'est-à-dire l'amendement du condamné dans la prison et son reclassement, après sa libération, dans le sein de la société.

Pour obtenir l'amendement du condamné par l'emprisonnement, tout dépend du mode de l'organisation du régime d'exécution de la peine dans la prison, organisation qui doit, en premier lieu, reposer sur le principe fondamental, que la peine ne doit pas être seulement répressive, mais encore réformatrice.

Les différents régimes proposés et appliqués en pratique, peuvent être compris dans l'un de ces trois types : 1° régime d'emprisonnement en commun de jour et de nuit, 2° régime cellulaire mixte, c'est-à-dire, le travail en commun pendant le jour et la séparation individuelle, dans des cellules, pendant la nuit, 3° régime d'isolement absolu de jour et de nuit.

1° La promiscuité de jour et de nuit, entre les détenus, ne présente que de graves défauts et ne produit fatalement que des résultats contraires à tous les principes de moralité : la corruption complète de ceux qui ne l'étaient pas encore à leur entrée dans la prison, et le concert criminel entre les détenus, voilà les effets que peut produire un pareil système ; il fait de la prison l'école supérieure du crime. Aussi ce système est-il définitivement condamné par la science pénitentiaire, et si, en pratique, il est encore appliqué, ce n'est que forcément à cause des difficultés matérielles qui surgissent, pour empêcher son remplacement avec l'un des deux autres régimes.

On s'efforce, il est vrai, d'atténuer, autant que possible, le mal qu'engendre ce système, par la séparation des détenus en autant de quartiers distincts qu'il y a de catégories pénales de détenus, et les mineurs des majeurs ; mais il faut l'avouer, ces moyens sont insuffisants et la réforme radicale s'impose sans retard.

2° Le régime du travail en commun, sous la loi du silence pendant le jour, et la séparation individuelle pendant la nuit, dit régime Auburnien, est critiqué par ses antagonistes pour les motifs suivants : qu'il est difficile et même impossible, sans user des châtiments corporels qui transforment la prison en lieu de torture, d'imposer aux détenus la loi du silence (1). Qu'il est impossible aussi, d'empêcher entre les prisonniers toute communication de leurs projets criminels, quelques moyens qu'on voudrait employer ; enfin que c'est le système le plus coûteux, parce qu'il exige, non seulement des constructions trop vastes, mais encore un personnel de surveillance très nombreux.

En examinant les objections que l'on formule contre ce système, j'estime que l'anathème qu'on lui prodigue n'est pas si justifié qu'on pourrait le croire. Car, parmi les objections apportées il y en a qui ne sont pas fondées et d'autres qu'on pourait aussi bien invoquer contre le système opposé. Ainsi, quant à l'objection que de grandes dépenses sont nécessaires pour les vastes bâtiments que l'application de ce système exige, je crois, que ce n'est pas un motif à faire rejeter un régime dont l'efficacité est démontrée, car le pouvoir social a le devoir de ne pas marchander sur le chiffre des dé-

1. R. Garraud, *Précis de droit Criminel* 6· édit. 1898.

penses, du moment qu'il s'agit d'assurer la paix sociale.
On dira : oui, mais quand il est possible d'obtenir les
mêmes et peut être de meilleurs résultats avec l'autre
système moins coûteux, c'est aussi le devoir du gouvernement de ne pas gaspiller les deniers publics.
Mais justement il s'agit de démontrer d'abord que cet
autre sytème, est aussi bon ou supérieur. Or, pour ma
part je crois, qu'une enquête impartiale, embrassant
tous les points de vue, prouvera le contraire. Je m'ef-
forcerai de le faire à l'instant, après l'examen d'autres
objections qu'on invoque encore : On dit aussi que,
pour imposer aux détenus la loi du silence, il faut recourir à des peines corporelles. J'estime que cette
objection, elle non plus, n'est pas tout à fait fondée :
parce que, non seulement il n'est nullement nécessaire
de recourir à des peines exceptionnelles, en dehors de
celles édictées généralement par les lois et règlements
pour les infractions aux règles et mesures d'ordre et
de discipline dans la prison ; car le non-silence n'est
pas au fond, par lui-même une infraction plus grave
que d'autres qui ont pour effet de troubler l'ordre, de
sorte que l'arsenal des peines disciplinaires offrira généralement le moyen assez sévère et efficace pour punir cet infraction, et quand elle dégénère en tumulte,
semblable à une révolte, on appliquera les peines prescrites pour ce genre de contraventions. Mais il faut
encore ajouter, qu'en pratique, l'objection est encore
moins forte, et je parle en connaisance de cause d'a-

près l'expérience de cinq ans que j'ai fait comme fonctionnaire administratif dans 6 ou 7 pénitenciers de
toutes catégories, où j'ai constaté qu'il n'est pas si difficile d'obtenir un silence satisfaisant, avec des mesures répressives ordinaires, et rarement j'ai eu l'occasion de me voir obligé à appliquer la peine de fers
ou de cellule solitaire et obscure.

Un moyen très efficace d'intimidation, est la menace
de retenir au profit de l'Etat une part du capital disponible ou d'augmenter le nombre des dixièmes, sur le
profit du travail, pour l'Etat. Je crois cependant
que, dans les prisons de femmes, il serait beaucoup plus difficile d'obtenir une silence assez satisfaisant.

On objecte encore, qu'il faudrait un nombreux personnel de surveillance pendant le travail en commun, non,
il ne faut pas un grand nombre, mais un personnel
choisi : un gardien intelligent, sérieux, incorruptible,
sévère mais juste, vaut plus que cinq médiocres. Il
s'agit donc de faire un choix habile et heureux et j'af-
firme avec conviction que deux ou trois gardiens sont
suffisants pour surveiller et tenir en respect 100 détenus.

Enfin, comme plus grand défaut de ce système, on
invoque : l'impossibilité absolue d'éviter les communica-
tions et par conséquent le concert criminel, entre les
co-détenus. Cette objection est fondée, mais peut-on
soutenir, qu'avec le régime d'isolement de jour et nuit

ce vice peut-être évité d'une manière absolue? Pour celui qui connaît le criminel et de quelles ruses il est capable, la réponse sans hésitation est *non!* Car,du moment que le condamné sait que c'est la cellule de jour et de nuit qui l'attend, il ne se fera pas faute d'organiser un moyen quelconque pour communiquer avec ses co-détenus, par l'intermédiaire des personnes dont il lui sera permis de recevoir la visite, par exemple. A moins qu'on ne lui interdise toute entrevue même avec sa famille et alors on tombe dans le défaut plus grave qui caractérise le système d'isolement absolu, dont j'aborde maintenant l'examen pour le comparer et faire l'option.

3° Le régime solitaire, d'isolement absolu de jour et de nuit, dit régime pensylvanien ou philadelphien, consiste en ce que, le détenu est enfermé seul dans une cellule,privé de tout contact avec tout être humain, même avec son gardien qui doit lui passer les aliments par une petite ouverture pratiquée dans la porte, à une hauteur telle que le détenu ne puisse rien voir. La cellule est ainsi construite qu'elle renferme tous les appareils nécessaires aux besoins du condamné sans que, pour leur fonctionnement, l'intervention d'une personne soit nécessaire.

Et quels sont les effets de ce régime? Tout un cortège d'affections physiques et mentales : la phtisie, l'hébêtement, la folie, et finalement le suicide, que le misérable cherche, par tous les moyens imaginables, pour en finir avec ses tortures.

Je rappelle ici quelques lignes du rapport présenté par M. le professeur Léveillé, l'un des plus distingués magisters de la science pénitentiaire, sur les résultats des deux études qu'il a fait en Belgique, sur le système solitaire absolu. En parlant de condamnés visités par lui, il écrit cette phrase : « J'ai considéré en mon âme et conscience que beaucoup de ces malheureux, je parle de ceux qui ont survécu, étaient déséquilibrés et atteints à dose variable de ce que les aliénistes appellent le délire de persécution. » (1)

A cause de ces effets funestes, on fut obligé, à Philadelphie même, de renoncer à ce système absolu et de le remplacer par un régime d'isolement adouci, adopté plus tard, sous le nom de *système pénitentiaire*, par plusieurs États de l'Europe.

Avec ce régime, le condamné n'est complètement isolé que des autres détenus, mais il peut, dans les limites du règlement, communiquer avec le personnel de la prison, avec les ministres des divers cultes, avec les membres des sociétés de patronage, de sa famille etc. Il lui est permis de travailler dans sa cellule, d'étudier, et de sortir une ou deux fois par jour, pour faire une promenade dans un préau solitaire. Il reçoit l'éducation morale et l'instruction scolaire qui

1. A. Mettetal. *Rev. pénit.* 1896, page 456.

lui manque. En résumé donc, ainsi modifié, ce régime
ne diffère du régime Auburnien que quant à l'organisation du travail qui, ici se fait en commun, et là indi-
viduellement dans chaque cellule et transforme ainsi
en un atelier, la cellule dont les dimensions sont trop
restreintes, de sorte que les principes d'hygiène sont vio-
lés. Ensuite au point de vue de la production et surtout
de l'entraînement au travail, le régime en commun pour
le travail donne des résultats beaucoup plus favora-
bles que celui du travail solitaire dans la cellule.

Aussi, nous avons vu, le législateur français n'adop-
ter ce régime que pour les courtes peines d'emprisonnement, jusqu'à un an et un jour et au-dessous, par la
loi de 1875.

Je conclus donc qu'entre ces deux régimes, j'op-
terais pour celui du travail en commun.

Il me faut mentionner encore un système d'emprisonnement progressif, dit *système irlandais*, parce
qu'il a été organisé et appliqué pour la première fois
dans les prisons d'Irlande, et qui consiste dans la combinaison du régime cellulaire absolu avec la vie en commun et dans une succession d'épreuves par lesquelles
passent graduellement les détenus au fur et à mesure
de leur amendement. Ce système se résume dans les
trois idées suivantes : 1º Division de la durée de la détention en trois périodes, dont la première se passe
dans la cellule et ne peut être moindre de neuf mois ;
la seconde, dans une prison en commun, la troisième

dans une prison qui constitue une sorte de transition entre l'état de détention et de liberté. 2° L'adoption d'un système de bons points ou de marques (*licence ou tickets of leave*) qui consiste à réduire la durée de la détention, proportionnellement au nombre de ces points. 3° Comme couronnement, et dernier terme de ce système, c'est la libération conditionnelle.

Nous savons qu'un système progressif, à peu près semblable, est organisé en France pour le régime des détenus dans les colonies.

Je ne crois pas que le système irlandais soit à l'abri de toute critique, cependant il est possible que par des réformes que l'expérience démontrera nécessaires à introduire, ce système devienne le meilleur de ceux connus jusqu'à présent.

Si je finissais ma thèse avec ce paragraphe, on devrait, et justement, m'accuser d'avoir passé sous silence une institution pénale, dont la création a été trouvée nécessaire pour l'application d'un système de répression dit de *sentences indéterminées*.

L'idée mère n'est pas neuve, car on la retrouve dans les sentences de certaines juridictions ecclésiatiques, et nous voyons Kant la préconiser quand il demande que le coupable ne soit libéré qu'après remords et amendement.

Cette idée a été reprise récemment et avec succès dans l'union internationale du droit pénal, où la question a été vivement discutée. (Congrès de Paris 1893).

M. Gauthier, dans la *Revue pénale suisse*, a longuement parlé pour et contre les peines indéterminées. Il y a aussi la thèse de M. Frédéric Lévy (Paris 1896).

Une expérience de ce système a été faite en Amérique où il est appliqué dans les établissements de réforme appelés « Etablissement d'Elmira » qui ont pu fonctionner dans l'Etat de New-York, grâce à l'acte du 28 avril 1877 qui permettait aux juges de prononcer des sentences indéterminées ; c'est-à-dire sans fixer le délai de la peine, mais l'indétermination n'est pas absolue, il y a un maximum légal, de sorte que le juge dira : tel individu coupable, par exemple de vol, sera envoyé à Elmira, mais ne pourra y être gardé plus de temps que celui fixé par la loi.

Régime d'Elmira. — D'abord on n'y envoie que les délinquants primaires et exceptionnellement quelques récidivistes, ensuite on n'y reçoit que des condamnés pour crimes et qui n'ont pas encore atteint l'age de 30 ans.

Le minimum de détention est d'un an.

Comme régime, l'établissement est une véritable école : on y donne une instruction professionnelle, on entraîne les détenus à des exercices physiques ; il y a salle de jeux, bibliothèque et aussi un journal rédigé par les détenus eux-mêmes.

L'instruction scolaire est sérieusement donnée.

A en juger d'après les documents, ce système fait des merveilles. On aurait environ 83 0/0 des libérés ramenés dans la bonne voie. « C'est trop beau pour être vrai », dit le très distingué professeur M. Garçon (1).

Et moi, j'ai la ferme conviction que ce sentiment doit être exact, pour les raisons suivantes qu'il ajoute : « il est évident que les résultats doivent être meilleurs parce qu'on n'y reçoit que des délinquants primaires. Or, en faisant la statistique sur les délinquants primaires en France, il n'est pas probable que les résultats soient beaucoup moins bons qu'à Elmira ».

Et puis il y a fort lieu d'être sceptique sur le chiffre de 83 0/0 d'amendés, car on y fait figurer tous ceux qui, ayant été libérés, ne se sont pas fait condamner à nouveau dans l'état de New-York. C'est-à-dire, dans les 83 0/0, on comprend les individus qui n'ont pas donné de leurs nouvelles. « Il est à craindre que ces nouvelles ne seraient pas très bonnes » (2).

Tout cela ne démontre pas la vertu des sentences indéterminées ; mais l'examen approfondi de cette question sort du cadre de ma thèse. J'ai voulu seulement, avec l'établissement d'Elmira, compléter le nombre des régimes et d'établissements pénitentiaires proposés et appliqués dans la pratique.

1. M. Garçon, professeur à la Faculté de Paris, cours de l'année 1898.

2. Ibidem.

Il faudrait encore y ajouter les Réformatorys, créés dans quelques États d'Amérique, mais je n'ai pu me procurer de renseignements sur leur régime.

Vu : le Président de la thèse,
E. GARÇON

Vu : le Doyen,
GLASSON

Vu et permis d'imprimer :
Le Vice-Recteur de l'Académie de Paris
GRÉARD

TABLE DES MATIÈRES

DEUXIÈME PARTIE

Régime d'exécution des peines privatives de liberté.

EN ROUMANIE

EN FRANCE

Jouve et Boyer, Imprimeurs, 15, rue Racine, Paris.

9 782019 2622